幼児・初等教育のための音楽表現と指導法

歳時記と学ぶ楽典・子どものうた・鑑賞

［編著］山本美紀

岡田美紀／筒井はる香

［編曲］山口聖代／中村 徹

YOBEL, Inc.

はじめに

　本書は幼小連携の視点から、保育園・幼稚園及び小学校低学年の音楽教育に焦点をしぼって作成したものです。

　保育園や幼稚園では、歌をうたったり、リズム楽器を使ったりと音楽にかかわる活動は欠かせません。また、小学校低学年でも、音楽専科ではない教員が音楽の授業を受け持つことが多いものです。しかしながら、昨今の少子化の影響により、教員養成課程を持つ大学の入試内容にピアノ実技を課されない場合も多く、音楽的な内容は大学入学以降の大きな課題となりつつあります。

　さて本書は、3部からなっており、第Ⅰ部は、保育園・幼稚園・小学校の1年間の歳時記（生活）の様子と共に、そこで歌われるうたを掲載しています。15講それぞれが完結しており、それぞれの講は、以下の4つの部分で構成されています。

1. テーマとなる月の概要
2. 今月のうた（幼児／保育園）
3. 今月のうたあそび
4. 今月の楽典

　これによって学習者は、子どもたちの園や学校生活の流れとその中にある音楽、基本的な楽典問題を学ぶことができるでしょう。第Ⅱ部では、園や初等教育の現場でよく用いられる楽器の解説、子どもに聴かせたい鑑賞曲、今日まで歌い継がれてきた童謡の解説を載せました。また、第Ⅲ部は、各講でとりあげた曲や、解説にとりあげた童謡の楽譜を、簡易バージョン・豊かな響きを持つバージョンでそれぞれ掲載しています。

　時代の激しい変化に、教育も様々な対応が求められています。平成30年度からは改訂された新しい幼稚園教育要領が全面実施されます。本書が日本の伝統と共に、新しい音楽文化の礎に少しでも役立つものとなることを願っています。

山本美紀

はじめに 2

〈第1部〉

第1講　オリエンテーション　7
   Ⅰ．今月のうた　8
     幼児：たんじょうかいのうた　　作詞：まど・みちお　／　作曲：金剛 威和雄
     小学校：Happy Birthday to you　　アメリカの歌
   Ⅱ．今月のあそびうた　10
     どこでしょう　作詞／作曲　不詳
   Ⅲ．今月の楽典：音部記号、調号と拍子記号　12

第2講　4月　13
   Ⅰ．今月のうた　14
     幼児：おはながわらった　　作詞：保富康午　／　作曲：湯山 昭
     小学校：春の小川　　作詞：高野辰之　／　作曲：岡野貞一
   Ⅱ．今月のあそびうた　16
     あくしゅでこんにちは　　作詞：まど・みちお　／　作曲：渡辺 茂
   Ⅲ．今月の楽典：音符と休符　18

第3講　5月　19
   Ⅰ．今月のうた　20
     幼児：こいのぼり　　文部省唱歌
     小学校：茶つみ　　文部省唱歌
   Ⅱ．今月のあそびうた　22
     おべんとうばこのうた　　作詞：香山美子／作曲：小林昭宏
   Ⅲ．今月の楽典：発想記号、速度標語　24

第4講　6月　25
   Ⅰ．今月のうた　26
     幼児：あめふりくまのこ　　作詞：鶴見正夫　／　作曲：湯山 昭
     小学校：かたつむり　　文部省唱歌
   Ⅱ．今月のあそびうた　28
     かえるのがっしょう　　ドイツ民謡
   Ⅲ．今月の楽典：速度標語（速度が変化するもの）、強弱記号　30

第5講　7月　31
   Ⅰ．今月のうた　32
     幼児：たなばたさま　　作詞：権藤はなよ・林 柳波　／　作曲：下総完一
     小学校：うみ　　文部省唱歌（作詞：林 柳波　／　作曲：井上武士）
   Ⅱ．今月のあそびうた　34
     おおきなうた　　作詞／作曲：中島光一
   Ⅲ．今月の楽典：鍵盤と、音符・音名　36

第6講　8月　*37*
　I．今月のうた　*38*
　　　幼児：おばけなんてないさ　　作詞：槇 みのり　／　作曲：峯 陽
　　　小学校：夕やけこやけ　　作詞：中村雨紅　／　作曲：草川 信
　II．今月のあそびうた　*40*
　　　　アブラハムの7人の子　　作詞：加藤孝広　／　外国曲
　III．今月の楽典：長調と主要三和音 I　*42*

第7講　9月　*43*
　I．今月のうた　*44*
　　　幼児：とんぼのめがね　　作詞：額賀誠志　／　作曲：平井 康三郎
　　　　小学校：うさぎ　日本古謡
　II．今月のあそびうた　*46*
　　　　おおきなくりのきのしたで　　外国曲
　III．今月の楽典：長調と主要三和音 II　*48*

第8講　10月　*49*
　I．今月のうた　*50*
　　　幼児：どんぐりころころ　　作詞：青木存義　／　作曲：梁田 貞
　　　小学校：虫のこえ　文部省唱歌
　II．今月のあそびうた　*52*
　　　　やきいもグーチーパー　　作詞：阪田寛夫　／　作曲：山本直純
　III．今月の楽典：短調と主要三和音 I　*54*

第9講　11月　*55*
　I．今月のうた　*56*
　　　幼児：やまのおんがくか　　訳詞：水田詩仙　／　ドイツ民謡
　　　小学校：かくれんぼ　　作詞：林 柳波　／　文部省唱歌
　II．今月のあそびうた　*58*
　　　　八百屋のお店　フランス民謡
　III．今月の楽典：短調と主要三和音 II　*60*

第10講　12月　*61*
　I．今月のうた　*62*
　　　幼児：あわてんぼうのサンタクロース　　作詞：吉岡 治　／　作曲：小林亜星
　　　小学校：ふじ山　　作詞：巌谷小波　／　文部省唱歌
　II．今月のあそびうた　*64*
　　　　アルプスいちまんじゃく　アメリカ民謡
　III．今月の楽典：階名唱　*66*

第11講　1月　*67*
　I．今月のうた　*68*
　　　幼児：北風小僧の寒太郎　　作詞：井出隆夫　／　作曲：福田 和禾子

　　　　小学校：ひのまる　　作詞：高野辰之　／　作曲：岡野貞一　　文部省唱歌
　　Ⅱ．今月のあそびうた　70
　　　　ずいずいずっころばし　　わらべうた
　　Ⅲ．今月の楽典：近親調　72

第12講　2月　73
　　Ⅰ．今月のうた　74
　　　　幼児：ゆき　　文部省唱歌
　　　　小学校：はるがきた　　作詞：高野辰之　／　作曲：岡野貞一　　文部省唱歌
　　Ⅱ．今月のあそびうた　76
　　　　てをたたきましょう　　作詞：小林純一　／　作曲：不詳
　　Ⅲ．今月の楽典：長調の和音進行　78

第13講　3月　79
　　Ⅰ．今月のうた　80
　　　　幼児：うれしいひなまつり　　作詞：山野三郎　／　作曲：河村 甲光陽
　　　　小学校：ひらいたひらいた　　わらべうた
　　Ⅱ．今月のあそびうた　82
　　　　しあわせならてをたたこう　　作詞：木村利人　／　アメリカ曲
　　Ⅲ．今月の楽典：短調の和音進行　84

第14講　幼稚園の生活と音楽　85
　　Ⅰ．今月のうた　86
　　　　幼児：一年生になったら　　作詞：まど・みちお　／　作曲：山本直純
　　　　小学校：きみがよ　　古歌　作曲：林 広守
　　Ⅱ．今月のあそびうた　88
　　　　とんとんとんとんひげじいさん　　作詞不明　／　作曲：玉山英光
　　Ⅲ．今月の楽典：音符の長さ（まとめ）　90

第15講　小学校の生活と音楽　91
　　Ⅰ．今月のうた　92
　　　　幼児：さんぽ　　作詞：中川季枝子　／　作曲：久石 譲
　　　　小学校：おぼろ月夜　　作詞：高野辰之　／　作曲：岡野貞一
　　Ⅱ．今月のあそびうた　94
　　　　グーチョキパーでなにつくろう　　作詞：斎藤 二三子　／　外国曲
　　Ⅲ．今月の楽典：小学校でならう記号と音符　96

付録：『**新幼稚園教育要領 H3004**』より「表現」　97

〈第Ⅱ部〉

　Ⅰ．初等教育でよく扱う楽器　99
　　カスタネット　castanets／トライアングル　triangle／タンブリン　tambourine
　　鈴　ring-bell／ウッドブロック　wood block／大太鼓 bass drum／小太鼓（スネア

ドラム）snare drum ／木琴（シロフォン）xylophone ／鉄琴 Glockenspiel ／シンバル cymbals ／ハンドベル handbell

II．鑑賞曲の解説　113

解説Ⅰ　ルロイ・アンダソン
解説Ⅱ　ヨハン・シュトラウス親子とウィーンの音楽文化
ヨハン・シュトラウス一世《ラデツキー行進曲》／ヨーゼフ・シュトラウス《鍛冶屋のポルカ》／スッペ《軽騎兵》序曲／コダーイ組曲《ハーリ・ヤーノシュ》より「ウィーンの音楽時計」
解説Ⅲ　トルコとウィーン
《ジェッディン・デデン》／モーツァルト《トルコ行進曲》／ベートーヴェン《トルコ行進曲》
解説Ⅳ　ロシアとソビエト連邦の芸術音楽
ピョートル・チャイコフスキー《くるみ割り人形》より「行進曲」／セルゲイ・プロコーフィエフ《冬のかがり火》より「出発」／アラム・ハチャトゥリャン（1903-78）《仮面舞踏会》より「ワルツ」／ドミトリー・カバレフスキー（1904-87）《道化師》より「道化師のギャロップ」
解説Ⅴ　その他
ショパンの《ノクターン》第2番／カミーユ・サン＝サーンス《組曲　動物の謝肉祭》より第5番「象」

III．童謡の解説　121

1 《あわて床屋》／2 《シャボン玉》／3 《どこかで春が》／4 《あめふり》／5 《やぎさんゆうびん》／6 《七つの子》／7 《証城寺の狸囃子》／8 《赤い帽子白い帽子》／9 《赤とんぼ》／10 《たき火》／参考文献

〈第Ⅲ部〉

I．各講楽譜集　129

たんじょうかいのうた／Happy birthday to you／おはながわらった／春の小川／こいのぼり／茶つみ／あめふりくまのこ／かたつむり／たなばたさま／うみ／おばけなんてないさ／夕やけこやけ／とんぼのめがね／うさぎ／どんぐりころころ／虫のこえ／やまのおんがくか／かくれんぼ／ふじ山／あわてんぼうのサンタクロース／北風小僧の寒太郎／ひのまる／ゆき／はるがきた／ひらいたひらいた／れしいひなまつり／一年生になったら／きみがよ／さんぽ／おぼろ月夜

II．童謡楽譜集　193

あわて床屋／シャボン玉／どこかで春が／あめふり／やぎさんゆうびん／七つの子／証誠寺の狸囃子／赤い帽子白い帽子／赤とんぼ／たき火

［別冊］小テスト解答用紙、巻末模擬試験、指導案

〈第１部〉

第１講

オリエンテーション

1. 授業の進め方について
2. 園・小学校の生活と音楽との関係

―― 園・小学校の生活の中の音楽 ――

　みなさんは、園や小学校で音楽が生活の節目を知らせてくれた記憶はありますか？
　あるいは、１年間を通してどのような行事や出来事があり、音楽で彩られているか、イメージすることはできますか？
　実際、園や小学校ではたくさんの歌がうたわれ、演奏されます。幼児は音楽にかかわる活動が大好きで、音楽に合わせて身体を動かしたり、踊ったり、友だちと一緒に歌ったり、簡単な楽器を演奏したりと音楽に親しんでいます。また、そのような園から育ってきた子どもたちを受け入れる小学校では、子どもたちが生活に早くなじめるよう、積極的に音楽が用いられます。園で歌われる曲と、小学校低中学年にとりあげられる曲には、案外重なっているものが多いのです。
　ここで少し、音楽と関係深い１年間の行事やテーマを、ざっと見てみましょう。
　４月：入園式・入学式、５月：子どもの日／母の日、６月：梅雨、７月：七夕、９月／10月：運動会、12月：クリスマス（お楽しみ会）、１月：お正月、２月：音楽会、発表会、３月：卒園式・卒業式（お別れ会）、などなど。これだけの行事や音楽を通じて季節を感じさせる機会があるのです。保育者だけでなく、小学校教諭もこれらの際には、音楽の授業や子どもたちとの生活そのものの中で、いやがおうでも音楽を通した活動を求められます。
　本講義では、そのような１年間の流れを、音楽の視点から追ってみようというものです。日常生活に密着した内容の音楽もとりあげることになるでしょう。なぜなら、本来「音楽」は生活から生まれるものであり、行事の背景を整え、意味を伝えていく役割を担うものだからです。一方で、そのことに気づけば、新しい歌に対しても、何を選べばよいのかわかってくるようになるはずです。
　音楽が主要な位置を占める教育活動に主体的に取り組むことにより、次世代を担う子どもたちに音楽に表された自国の文化を伝えることができるよう、本講義は歳時記と共に、音楽の話をしたいと思っています。同時に、子どもたちとの豊かな音楽生活を実現していくために必要な、楽典的基礎知識をおさえ、楽譜の読解力と表現力を高めていく講義を目指していきたいと思っています。

今月のうた（幼児）

たんじょうかいのうた

作詞　まど・みちお
作曲　金光　威和雄

1.こんげつうまれは　だれかしら　にこにこしてくる　すぐわかるあの
2.こんげつうまれは　てをたたこう　いいものあげよう　もっとわらえあの

わらいんぼこの　わらいんぼ　おめでとう　おめでとう
わらいんぼこの　わらいんぼ　おめでとう　おめでとう

解説「たんじょうかいのうた」

　園や小学校での、多人数の誕生会によく用いられる歌です。
　＊まど・みちお：本名は、石田道雄。1909年（明治42年）に生まれ、「最後の本物の詩人」と言われています。1934年（昭和9）に『コドモノクニ』という雑誌に投稿した作品が北原白秋の目にとまり、以来詩作にはげむようになります。「ぞうさん」「いちねんせいになったら」「やぎさんゆうびん」などの作品があります。1994年には、国際アンデルセン賞作品賞を日本人として初めて受賞しました。
　＊金光威和雄（こんこういわお）：1933年（昭和8年）生まれ。東京芸術大学専攻科（作曲）を修了しました。まど・みちお氏との作品が多いことで有名です。

今月のうた（小学校）

Happy birthday to you

アメリカの歌

解説「Happy Birthday to you」

　誕生日にはおなじみの1曲。園や学校だけでなく、家庭でもたれる誕生会にも、ケーキに年の数だけろうそくが立てられ、歌われる習慣ですね。願いごとをして、一気にろうそくを吹き消すと、その願いごとがかなうといわれています。

　原曲は1893年に作曲された"Good Morning to All"。この曲の歌詞の"Good Morning"のところをHappy Birthdayに変えて歌われたのが、"Happy Birthday to You"です。現在のように歌われるようになったのは、1920年ごろのことです。

今月のあそびうた
どこでしょう

作詞 作曲者不詳

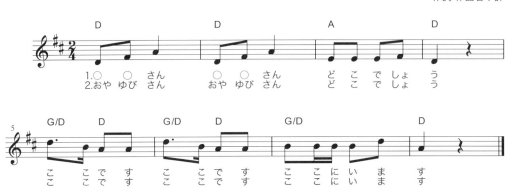

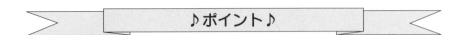

♪ポイント♪

　「○○さん」のところは、名前を入れて保育者が呼びかけてみましょう。「ここです、ここです……」のところは、名前を呼ばれた幼児が、手を挙げて返事をするように歌うと、お互いの名前を知ることができます。お互いの顔がよく見えるように輪になって歌うと楽しいでしょう。

MEMO

今月の楽典
音部記号、調号と拍子記号

…ト音記号（ソプラノ記号）：四声体の最高音部（ソプラノ）の譜表に用いられる。

…ヘ音記号（バス記号）：四声体の最低音部（バス）の譜表に用いられる。

①調号：その曲が続く間有効な変音記号。調を決定する。♯（シャープ）は半音高く、♭（フラット）は半音低くする。

②拍子記号： と同意。「4分の4拍子」と読む。四分音符を1拍として、1小節に4拍入ることを示す。

MEMO

4月 卯月（うづき）
April
＊卯の花が咲く季節の意。

祝日：昭和の日（29日）
行事：入園式・入学式・進級式
　　　イースター（復活祭）
　　　花まつり（灌仏会（かんぶつえ））

第2講

　4月は、入学式・入園式、進級式といった新しい門出の行事が目白押しです。子どもたちにとっては期待と不安、嬉しさとドキドキが入り混じった成長の節目の時期です。それは先生や保護者も同じです。子どもたちの成長を喜び、これからの1年を有意義にすごせるよう、目標を立てましょう。

◆4月の子どもの様子と園・学校行事
　新入園児は、家庭を離れて初めての集団生活に飛び込むことになります。新しい環境に不安や緊張を感じて、保護者からなかなか離れられない幼児、教師や他の子どもの様子をじっと見ていて自分から遊べないような幼児もいます。一方で、新しい環境に戸惑いながらも、園内の様々なものに興味を持って探索したり、たくさんの友達とかかわろうとしたりする姿も見られます。
　小学校では幼稚園とのギャップをできる限りならしながら、スムーズに学校生活になれるよう促していくことが、学校全体の取り組みとして求められています。異年齢による遊びの時間を持ったり、音楽の授業も身近な生活の中にある題材を求めたりなど、徐々にとけこめる工夫をしていきましょう。

◆指導のポイント
　この時期は、園や学校での新しい生活の仕方や過ごし方を知り、新しい環境に慣れることが大切です。教師や友達に親しみを感じ、好きな場所や遊びを見つけて、登園・登校を楽しみし、安心して生活できることを目指します。

◆選曲のポイント（「おはながわらった」、「春の小川」小学校第3学年共通教材）
　場の雰囲気や新しい友達となじみにくい子どもでも、歌やうた遊びを通して、自然と緊張感がほぐれたり、楽しい気分になったりするものです。
　教師にはその季節、子どもたちの興味・関心にあった歌や歌遊びを提供することが求められます。みんなと歌うと楽しくなる曲、きれいに咲く花などの自然と出会ったら思わず口ずさんでしまうような曲を、子どもたちの心の引き出しに入れることができれば、素敵ですね。
　春を題材にした歌は数多くあります。この季節は、歌の内容が生活の中で見たり触れたりすることのできるもの（例えば「チューリップ」や「ちょうちょ」など）がテーマになっている曲を指導していくと子どももイメージしやすいでしょう。

今月のうた（幼児）

おはながわらった

作詞　保富康午
作曲　湯山　昭

お　はな　が　わ　らった　　お　はな　が　わ　らった

お　はな　が　わ　らった　　お　はな　が　わ　らった

み　ー　ん　な　わ　らった　　い　ち　ど　に　わ　らった
　　　　　　　　　　　　　　げ　ん　き　に　わ　らった

解説「おはながわらった」

　「大きな古時計」「ゆかいに歩けば」などの作品がある保富康午（ほとみこうご）（1930年～1984年）の作詞です。1962年2月に、『うたのえほん』（NHK総合テレビ）のために作曲され、「3月の歌」として紹介されました。

　作詞は、保富の母親のつぶやき「ああ、お花がわらっている」というのがきっかけということです。幼児期の特徴である"アニミズム"（無生物にも霊魂があると考える）、"相貌的知覚（そうぼうてきちかく）"（外界の事物やその動きを、人間の顔や表情・動作になぞらえて感じとること）から、この作品に描かれているのは、小さな子どもたちもたくさん咲く花々に触れた時、自然とわき上がる思いであることがわかります。

　付点のリズムは、弾むように歌いましょう。促音も、譜面上はシンプルな八分音符ですが、言葉の一つひとつを丁寧に歌うと、付点とは一味ちがう弾む感じが生まれます。

今月のうた（小学校）

春の小川

作詞　高野辰之
作曲　岡野貞一

1. は ー る の お が わ は さ ら さ ら い く よ
2. は ー る の お が わ は さ ら さ ら い く よ

き ー し の すみれ や れんげ の はな に
え ー び や めだか や こぶな の むれ に

す ー がた やさしく いろ うつくしく
きょ ー う も いちにち ひなたで およぎ

さ ー け よ さけ よ と ささやき ながら
さ ー あそべ あそべ と ささやき ながら

解説「春の小川」

　小学校3年生の共通教材です。1912年に文部省唱歌として発表されました。初めて掲載されたのは、『尋常小学唱歌』ですが、以降、時代にあわせて歌詞が改訂されながら、歌い継がれてきました。

　川のモデルとなったのは、渋谷川の支川である「河骨川（こうほねがわ）」だと言われています。現在、小田急線代々木八幡（よよぎはちまん）駅の近くに、「春の小川」の記念碑がたっているそうです。

　通常は、細やかな水の流れを想像させる伴奏にのって、川の精が歌っているかのような、自然礼賛歌がうたわれます。

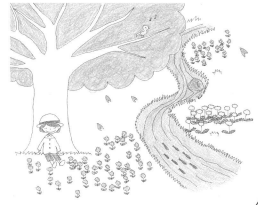

今月のあそびうた
あくしゅでこんにちは

作詞 まど・みちお
作曲 渡辺 茂

♪ポイント♪

　初めて会うお友達ともすぐに仲良くなれるうた遊びです。パートナーを見つけて1番と2番を一緒に歌い終わったら、すぐに別のパートナーをさがします。曲に合わせて動作をするうちに、すっかりうちとけることができます。

 てくてくてくてく歩いてきて

 握手でこんにちは

 ごきげんいかが

もにゃもにゃもにゃもにゃ
お話して

 握手でさようなら

 またまたあした

MEMO

今月の楽典
音符と休符

MEMO

5月 May
皐月（さつき）
＊耕作を意味する古語「さ」から、「稲を植える月」の意。

祝日：憲法記念日（3日）
　　　みどりの日（4日）
　　　こどもの日（5日）
行事：母の日（第2日曜日）

第3講

　5月と言えば、こいのぼりを思い浮かべる人が多いでしょう。5月5日は、古来より端午（たんご）の節句として、男子の健やかな成長を願う行事が行われていました。現在では、5月5日は"こどもの日"として、法律で定められた祝日です。この日は、"こどもの人格を重んじ、こどもの幸福をはかるとともに、母に感謝する日"とされています（「国民の祝日に関する法律」）。日本では"母の日"は5月の第2日曜日とされていますが、実はこどもの日にも母の日の意味が込められているのですね。

◆5月の子どもの様子と園・学校行事
　園に来ることが楽しみになっている子どもがいる一方、保護者と離れることが辛くて登園時に泣いてしまう子どもがいます。学校・園ともに、子どもたちが少し生活に慣れた頃ですが、ゴールデンウィークが明けると、また気持ちが不安定になってしまったり、生活リズムが崩れてしまったりすることがあります。子どもたちの微妙な変化に気づけるよう、遊びや声かけなど特に注意する必要のある時期です。
　学習活動では、こどもの日に向けてこいのぼりの製作あるいは、母の日のためのプレゼント作りをしたり、ちなんだ歌を歌ったりします。同時に、行楽シーズンですので、野外活動を目的とした遠足が実施され、自然を満喫しながら身近な事柄から楽しく学びを始めていく時期です。

◆指導のポイント
　この時期は、自分の好きな事柄を見つけて取り組んだり、友だちとのふれあいを楽しんだりすることを目指します。少しずつ学校や園での生活に慣れ、生活の仕方もわかってきていますので、自分なりに身の回りのことをやってみるように指導します。春、初夏の季節の変化やその兆しを自然そのものから感じ、子ども自身の「気づき」を大切に見守りましょう。虫や草花に興味をもってかかわれるような環境を用意することも大切です。

◆選曲のポイント（「こいのぼり」、「茶つみ」小学校第3学年共通教材）
　青空にたなびく吹き流し、空を泳ぐ真鯉に緋鯉、こいのぼりは、子どもたちの目にとても大きく興味深く映っていることでしょう。また、「茶つみ」は日本の各地に古くからある「茶つみうた」をもとに作られたうたで、労働歌でもあります。
　今月は伝統的な日本の5月の風景をテーマにした曲目をとりあげます。

今月のうた（幼児）

こいのぼり

えほん唱歌

や ね よ り た か い こ い の ぼ ー り

お お き い ま ご い は お と う さ ん

ち い さ い ひ ご い は こ ど も た ー ち

お も し ろ そ う に お よ い で る

解説「こいのぼり」

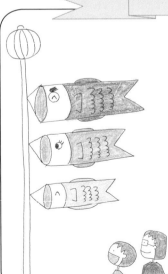

「こいのぼり」は、江戸時代に男の子の出世を願って武家で始まった風習です。「皐幟（さつきのぼり）」とも言われます。実は皐月（5月）は旧暦でいうと今の梅雨の時期にあたります。皐月雨（五月雨）というのは、梅雨のことを指します。鯉は、滝を上りゆくゆくは華麗な龍へと変身を遂げるという中国の故事にちなんだものと考えられます。

近藤宮子（1907-1999）が作詞、作曲者は不明で、1931年（昭和6年）12月『エホンショウカ ハルノマキ』に掲載されたのが初出とされます。近藤は「チューリップ」の作詞者としても知られています。

今月のうた（小学校）

茶つみ

文部省唱歌

1. なつもちかづくはちじゅうはちや
2. ひよりつづきのきょうこのごろを

のにこもやのまどにかにわかみばつがしうげたる

あれによみつえるはめちゃつみねばないらかぬ
あつめよみつえるはめちゃつまねばなならぬ

あかねだすきにすげのかさぬ
あつまにゃきほんのちゃにならぬ

解説「茶つみ」

　八十八夜は、雑節といわれるものの一つで、立春から88日目（太陽暦で5月2日ごろ）をさします。茶つみに限らず、農家では野良仕事や養蚕など作業に追われる日々です。

　1912年（明治45）に文部省唱歌として、『尋常小学唱歌第三学年用』に発表されました。現在の宇治田原町に伝わる「茶つみうた」がもとになっているとの説がありますが、さだかではありません。また、2人ひと組で遊ぶ子どもたちの手遊び歌では、繰り返しのところの手の形は、茶つみを模したものともいわれます。

今月のあそびうた
おべんとばこのうた

作詞　香山美子
作曲　小森昭宏

♪ポイント♪

　園生活で欠かせないお弁当、行楽シーズンにつきもののお弁当、今月のあそびうたは「おべんとうばこのうた」です。ぞうさんの大きなお弁当箱やありさんの小さなお弁当箱にするなど、変化をつけても楽しめます。

MEMO

今月の楽典
発想記号、速度標語

〈発想記号〉

cantabile	カンタービレ	歌うように	dolce	ドルチェ	やさしく
comodo	コモード	気楽に	espressivo	エスプレッシーボ	表情豊かに
con brio	コン・ブリオ	生き生きと	leggero	レッジェーロ	軽やかに
con fuoco	コン・フォーコ	火のように	marcato	マルカート	はっきりと

〈速度標語　(遅い→速い)〉

Largo	ラルゴ	幅広く、ゆったりと	Allegretto	アレグレット	やや速く
Lento	レント	ゆっくりと	Allegro	アレグロ	快速に
Andante	アンダンテ	ゆっくり歩く速さで	Vivo	ヴィーヴォ	生き生きと、速く
Andantino	アンダンティーノ	アンダンテよりやや速く	Vivace	ヴィヴァーチェ	活発に、速く
Moderato	モデラート	中くらいの速さで	Presto	プレスト	急速に

MEMO

6月 June

水無月（みなづき）
＊田植えのために、水が田にひかれる月の意。

第4講

行事：衣替え（1日）
　　　虫歯予防デー（4日）
　　　時の記念日（10日）
　　　父の日（第3日曜日）

　この時期は梅の実が熟す頃なので、この頃に降る雨を「梅雨」という説があります。アジサイ（紫陽花）がきれいに咲いている時期ですが、花びらのように見える部分は実は「萼（がく）」だそうです。また、アジサイの葉には毒性があって、摂食すると嘔吐やめまい、痙攣などの症状が出るので気をつけましょう。
　今月は祝日がありませんが、6月4日は「虫歯予防デー」とされており、その後1週間は歯の衛生週間となっています。他にも「時の記念日」や「父の日」などがあります。

◆6月の子どもの様子と園・学校行事
　園や学校生活のリズムにも慣れ、安心して好きなあそびを見つけて過ごすようになります。友達と一緒に遊ぶことが多くなる一方で、自分の思い通りにならなかったり、自分の思いをうまく相手に伝えることができなかったりなど、トラブルになることも多くみられます。子どもたちは「けんか」を通して、自己主張や我慢すること、相手の気持ちや考えに気づくなど、多くのことを学んでいます。そのことをよく理解して指導していくことが大切です。
　また、虫歯予防デーをきっかけに、歯の大切さを知らせ、歯磨き指導をしたり、父の日のためのプレゼント作りをしたりします。だんだん気温も高くなり、6月下旬にはプール開きをする園や、猛暑の時期を避けてこの時期に運動会を行う小学校も多くみられます。

◆指導のポイント
　友達とかかわりながら、好きなあそびを十分に楽しむことをめざします。あそびやトラブルを通して、友達の気持ちや考えにも気づいていけるように援助します。
　また、梅雨時ならではのあそびや生き物に関心をもって、身近な自然を生活やあそびに取り入れていきます。カタツムリやアマガエルを観察してみても良いでしょう。

◆選曲のポイント（「あめふりくまのこ」、「かたつむり」小学校第1学年共通教材）
　今月は、季節感たっぷりの曲目です。カタツムリもカエルも、子どもたちにとってとても身近な生き物です。「あめふりくまのこ」は、こぐまが登場して歌詞がストーリーになっているので、イメージしやすい曲です。雨の日にでもゆったりとうたいたい曲です。

あめふりくまのこ

作詞 鶴見正夫
作曲 湯山 昭

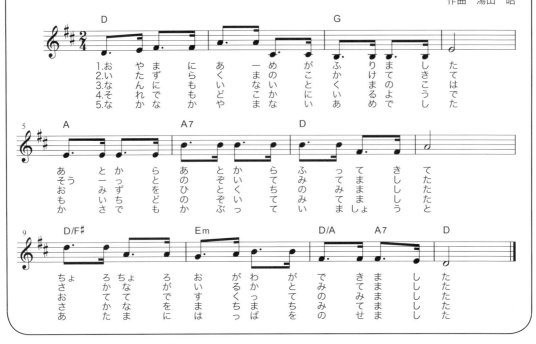

解説「あめふりくまのこ」

　1962年（昭和37）に、NHK「うたのえほん」で発表されました。作詞者の鶴見正夫（1926年〜1995年）は、この作品で第6回日本童謡賞および第6回赤い鳥文学特別賞を受賞しています。また、「あめふりくまのこ」は、小学校1年生の教材として教科書にも採用されました。彼の他の作品には、「ふるやのもり」「鮭のくる川」などがあります。子どもたちが音楽で初めてこの作品に出会うのであれば、言葉そのものがもつリズム感と共に、物語性を感じられるように工夫しましょう。

　作曲は、第2講でもとりあげた「おはながわらった」と同じ湯山 昭（1932年〜）です。彼は東京芸術大学出身の作曲家で、多くの合唱曲がありますが、子どものための歌曲作品も手がけています。

今月のうた（小学校）

かたつむり

文部省唱歌

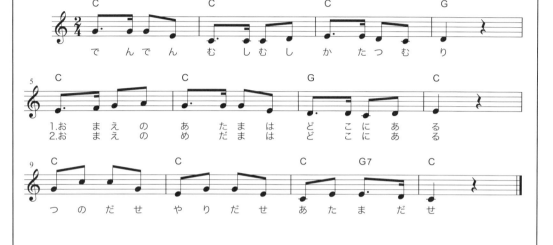

でんでん むしむし かたつむり
1. おまえの あたまは どこに ある
2. おまえの めだまは どこに ある
つのだせ やりだせ あたまだせ

解説「かたつむり」

　1911年（明治44）に、『尋常小学唱歌（一）』に発表された文部省唱歌です。現在は、1年生の共通教材となっています。

　「カタツムリ」は、昔は「蝸牛（かぎゅう）」と呼ばれました。「でんでんむし」との愛称には、狂言「蝸牛」で、太郎冠者（たろうかじゃ）が唄う「でんでん むしむし でんでん むしむし」に由来すると言われています。

　文部省唱歌の作家の多くは不詳ですが、童謡運動の推進者であり、尋常小学唱歌編纂委員であった吉丸一昌（よしまるかずまさ）（1873年～1916年、日本の作詞家、文学者、教育者。代表作は『早春賦』など。東京府立第三中学校教諭、東京音楽学校〔現在の東京芸術大学〕教授。大分県北海部郡海添村〔現臼杵市海添〕出身。日本基督教団の牧師で讃美歌第二編の委員長の藤田昌直の実父。）という説が有力です。

今月のあそびうた

かえるのがっしょう

外国曲
作詞　岡本敏明

♪ポイント♪

「かえるのがっしょう」は輪唱でうたうことが多いですが、年齢が小さい場合は泣き声の部分を工夫してみても楽しめます。

MEMO

今月の楽典
速度標語、強弱記号

速度標語〈速度が変化するもの〉

rit.	リタルダンド	だんだん遅く
accel.	アッチェレランド	だんだん速く
a tempo	ア テンポ	もとの速さで
Tempo I	テンポ プリモ	最初の速さで
𝄐	フェルマータ	ほどよくのばす

〈強弱記号（弱い→強い）〉

pp	ピアニッシモ	ごく弱く	cresc.	クレッシェンド	だんだん強く
p	ピアノ	弱く	decresc.	デクレッシェンド	だんだん弱く
mp	メッゾピアノ	やや弱く	dim.	ディミヌエンド	だんだん弱く
mf	メッゾフォルテ	やや強く	∧ >	アクセント	その音だけ強く
f	フォルテ	強く	sf	スフォルツァンド	その音だけ強く
ff	フォルティシモ	ごく強く			

MEMO

第5講

7月 July
文月（ふみづき）
＊昔、七夕の日には、歌や文字を短冊に書いて、上達することを願ったことから。

祝日：海の日（第3月曜）
行事：七夕（7日）
　　　夏祭り

　7月7日は"七夕"ですが、その由来は日本古来の行事「棚機女（たなばたつめ）」と、中国から伝わった「牽牛・織女（けんぎゅう しゅくじょ）」の伝説や「乞巧奠（きこうでん）」という宮廷行事が結びついて現在のようになったと言われています。一般的には、天の川に隔たれた織姫（おりひめ）と彦星（ひこぼし）が年に一度逢うことのできる日とされて、笹に願い事を書いた短冊や吹き流しなどを飾ることが多いですね。

　1996年から施行された国民の祝日「海の日」は、海の恩恵に感謝するとともに海洋国日本の繁栄を願う日とされています。海水浴は夏のレジャーとしてとても楽しいものですが、水の事故にはくれぐれも注意するよう、子どもたちに指導しましょう。

◆7月の子どもの様子と園・学校行事

　いよいよ夏到来です。子どもたちは泥や水の感触を楽しみながら、のびのびと開放感を味わって遊んでいます。キュウリやトマトなどの夏野菜を収穫したり、プールでの活動をしたりと夏のあそびや学習を存分に体験します。友達と一緒に遊び学ぶことも増え、自分の思いを伝えようとしますが、意見が食い違う姿も見られます。

　園や学校では、七夕の伝説を聞いたり、七夕の歌をうたったり、七夕飾りを製作したりして、季節の伝統行事として七夕を取り入れています。またこれを機に、星座に興味を持つきっかけづくりを心がけ、教科間をまたいだ学習機会としましょう。

◆指導のポイント

　夏祭りや宿泊行事、プール活動など夏ならではの活動がたくさんあります。友達と協力しながら意欲的に夏の行事に取り組めるよう指導していきます。

　プール活動では、特に年少児には水への恐怖心から不安を感じる子どももいますので、十分に水に慣れるまでは無理強いしないようにしましょう。

　夏の暑さや強い日差しで体力を消耗しやすい時季です。水分補給や十分な休息など熱中症対策をし、夏を健康に過ごせるような配慮が必要です。子どもたちに暑い日の過ごし方（帽子をかぶる、汗を拭く、着替える、水分をとる、日陰であそぶなど）をわかりやすく伝えることも大切です。

◆選曲のポイント（「たなばたさま」、「うみ」小学校第1学年共通教材）

　夏の教材としておなじみの「うみ」は、世代を超えて歌える歌です。海だけでなく、日本独特の夏の風物や風景をトピックに、授業を展開してみましょう。

　「たなばたさま」は季節の行事に関連しているので、七夕の話を聞いたり笹飾りの製作などの活動と合わせるとイメージも広がります。

今月のうた（幼児）

たなばたさま

作詞　権藤はなよ
　　　林　柳波
作曲　下總皖一

1. さ さ の は の さ ら さ ら
   の わ き た ば し に が ゆ か れ い る た
   お お ほ し さ ま ま き ら き ら
   き ん ぎ ん す な ご

2. ご し き の た ん ざ く

解説「たなばたさま」

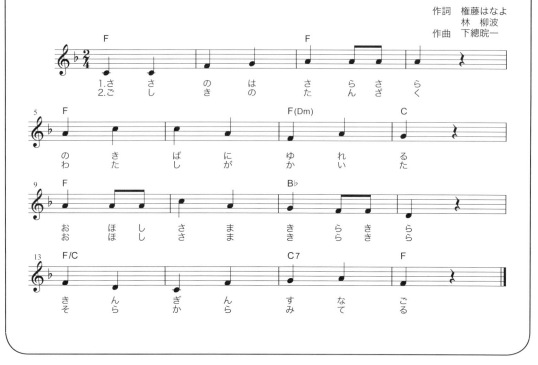

　後に出てくる「うみ」と同じ昭和16年（1941）、国民学校芸能科音楽『ウタノホン（下）』（国民学校初等科第2学年用）に初出。意外にも、「七夕」をテーマに扱ったものは、この曲だけです。権藤はなよの詩に、林が手直ししたため、作詞者の名前が2人になっています。

　下總皖一（しもふさ かんいち）（1898年〜1962年、本名：下總覺三。埼玉県北埼玉郡原道村砂原〔現・加須市〕生まれ。）は、東京音楽学校（後の東京芸術大学）を首席で卒業し、ベルリン（独）で留学した際には、パウル・ヒンデミットに師事した作曲家・音楽理論家であり、教育家です。

　笹の葉の揺れる「さらさら」とした情緒は、「春の小川」にもあるように、「流れ」を表現する日本語の擬音語です。そのような独特の言葉の響きと、音楽の結びつきを感じながら、天の川を越えて出会う七夕の伝説を、子どもたちに伝えたいものです。

今月のうた（小学校）

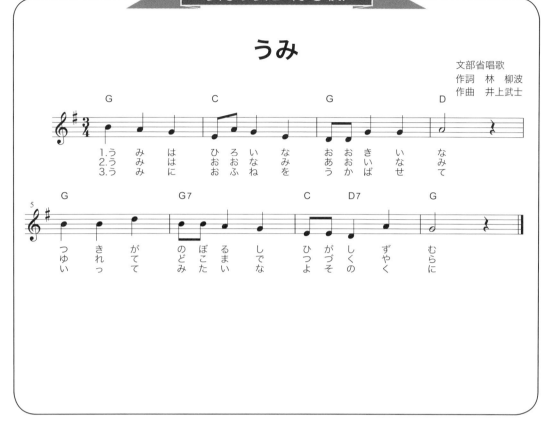

解説「うみ」

　1941年（昭和16）に、国民学校芸能科音楽『ウタノホン（上）』に掲載され、国民学校初等科第1年生用に採用されたのが初出です。本作品は同年の太平洋戦争勃発に伴い、日本の教育課程が戦争に向けて大きく改定された後に採用されたものです。この改定に伴って、明治以来用いられてきた「唱歌」という教科名称が「音楽」に変わりました。

　他教科の内容が軍事色の濃いものとなる一方で、音楽の教科書で取り上げられた唱歌には、優しく美しいものが多くあります。「うみ」は、もともと日本海軍を中心に据えた軍国教育用のものでしたが、小学1年生用であったため、のどかで美しい日本の風景を歌うものとなりました。そのため、戦後教科書の内容が一新される中、「うみ」は変わらず採用されたのです。

今月のあそびうた

おおきなうた

作詞　中島光一
作曲　中島光一

♪ポイント♪

　「おおきな歌」はレクリエーションソングとしても有名です。
　リーダー「♪おおきな」　メンバー「♪おおきな」　リーダー「♪うただよ」　メンバー「♪うただよ」というふうに、リーダーをまねて交替で歌います。グループに分かれてかけ合いでも楽しめます。歌詞に合わせて、動作をつけてみてもよいでしょう。

MEMO

今月の楽典
鍵盤と、音符・音名

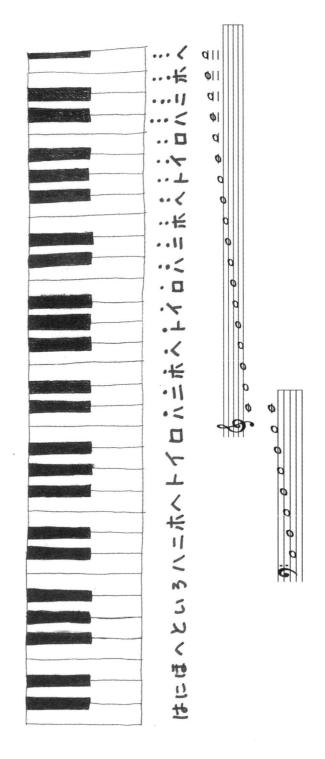

8月 August

葉月（はづき）
＊「稲の穂が張る月」、あるいは、雁が「初めて来る月」、「葉の落ちる月」と様々な説がある。

第6講

記念日：終戦記念日（15日）
行　事：お盆（13～15日）
　　　　盆踊り　花火大会
　　　　夏休み　夏期保育

　8月は各地で多くの夏祭りが行われます。特に、東北三大祭りである青森ねぶたまつり・秋田竿燈まつり・仙台七夕まつりが有名です。高知のよさこいまつり、徳島の阿波踊りも全国から多くの観光客が集まります。盆踊り大会や花火大会も各地で多く開催され、帰省客や観光客なども集まり、地域が賑わいを取り戻す時期でもあります。

◆8月の子どもの様子と園・学校行事
　幼稚園は夏休みに入っていますが、最近は、夏期保育や預かり保育を行っている園が多いです。小学校でも、地域のラジオ体操や学校のプールの使用など、保護者と学校が連携して子どもたちを見守る活動が中心となります。
　そのような中では、日常の保育とは少し違って、夏ならではのダイナミックな遊びや、保護者の協力のもと夏祭りをするなど、子どもたちの夏の楽しい思い出として残るような行事を実施する園・学校もあれば、スムーズに2学期を迎えるための準備として午前保育や夏休みの宿題の助けとなる自由参加型のプログラムを行うところもあります。夏休みを経て、ぐっと成長し、たくましさを増す姿が楽しみな時期と言えるでしょう。

◆指導のポイント
　夏休み中の注意として、睡眠や食事、遊びを大切にして生活リズムを崩さないこと、親子で夏ならではの体験を楽しむこと、地域の祭りや行事にも参加して地域の方々と交流を深めることなど、長い夏休みを家庭でどのように過ごしてほしいのかということを保護者に伝えることが大切です。
　夏休みは、1学期の保育や教育をじっくりと振り返るチャンスです。日々の記録を整理して、一人ひとりの子どもの様子（生活習慣・教師とのかかわり・友達関係・あそびへの取り組みなど）への理解を深め、成長とつまずきを見出し、今後の指導・援助の方針を立てるようにします。

◆選曲のポイント（「おばけなんてないさ」、「夕やけこやけ」小学校第2学年共通教材）
　「おばけなんてないさ」は内容が物語風になっているので、歌詞を紙芝居やパネルシアターで演じて見せても楽しめるでしょう。お泊り保育やキャンプでのきもだめし、夏祭りのお化け屋敷など、夜の怪談話は日本の伝統的な文化の一つ。この機会にぜひ「妖怪」や「お化け」が大活躍する日本の民話を、お話してあげましょう。子どもたちも、妖怪話は大好きです。
　また、「夕やけこやけ」は日々の情景をうたった歌です。夕やけにまつわる体験など、子どもたちとイメージが具体的に浮かぶよう話してみましょう。

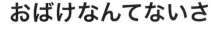

おばけなんてないさ

作詞　槇みのり
作曲　峯　陽

解説「おばけなんてないさ」

　子どもの日常的な風景をうたった歌です。絵本にもなっており（作・絵：せな けいこ、ポプラ社、2009年）、長い間、保育現場で愛されてきた作品です。
　だれでも、1度は夜中のトイレを怖いと思いながら行った経験を持っているはずです。ここでは5番に「おふろ」が出てきています。どうしてお風呂なんだろう？　と子どもと話すのも、想像力を膨らませるきっかけになるでしょう。

解説「夕やけこやけ」

　1923年（大正12）に、文化楽譜『あたらしい童謡』（出版：文化楽社）に収録されました。作詞されたのは、楽譜出版の4年前、1919年（大正8）ごろと言われており、作詞者の中村雨紅（なかむらうこう）（1897年〜1972年、本名は、髙井宮吉（たかいみやきち））は東京で小学校の教師（22歳）をしていました。彼と作曲者の草川信（くさかわしん）（1893年〜1948年）を結びつけたのは、当時の音楽教育者福井直秋（ふくいなおあき）でした。ピアノ輸入業者だった鈴木亀寿（かめひさ）が、購入者にむけた童謡曲集の出版を企画し、それを依頼したのがきっかけです。

　出版直後に関東大震災が起こり、本が出回る前にほとんどがなくなり、たった13部だけが残りました。うたは中村雨紅の妹で、同じく小学校教員として働いていた下田梅子が、小学校の授業でとりあげ指導していったことで、ひろがっていったということです。

　小学校第2学年の共通教材として、現代に歌い継がれています。日本の特徴的音階である、「ヨナ抜き長音階」で作られていますので、どのような音が使われているのか、外国の同じような風景をうたったものと比較したりなど、広がりある教育内容が期待できる教材です。

今月のあそびうた

アブラハムの七人の子

外国曲
作詞　加藤孝広

アブラハムには　しちにんのこ　ひとりはのっぽで

あとはちび　みーんななかよくくらしてるさー

おどりま　しょう みぎーて みぎーて

しょう みぎーて みぎーて／ひだりて ひだりて／みぎあし みぎあし／ひだりあし ひだりあし／あたま あたま／おしり おしり　　り おしまい

♪ポイント♪

　右手、左手、右足、左足、頭、お尻、まわるという動作がひとつずつ増えていきます。最後は全身をつかって大きく動きます。丸く輪になって、お互いの動きが見えるようにするとより一層楽しめます。

MEMO

今月の楽典
長調と主要三和音 I

9月 September
長月（ながつき）
＊夜が長くなる月、あるいは、雨が長くなる月、という両方の説がある。

第7講

祝　日：敬老の日（第3月曜日）
　　　　秋分の日（秋分日、年によって変わる）
記念日：防災の日（1日）
行　事：運動会・敬老交流会
　　　　月見（中秋の名月・十五夜の月）

　9月1日は防災の日です。この日は、1923年9月1日に発生した関東大震災の大惨事（死者・行方不明10万人以上）とこの時期に多い台風襲来にちなんで、1969年（昭和35年）に閣議了解で制定されました。この日から1週間は防災週間とされています。災害は突然襲ってきます。日頃の避難訓練のおかげで難を逃れたという事例が多くあります。家庭、地域、学校・園での防災対策を確認しておく必要があるでしょう。

◆9月の子どもの様子と園・学校行事
　いよいよ2学期の始まりです。友達や教師との再会を喜ぶ姿や、夏休み中に体験したことを伝えようとする姿が見られます。なかには、久しぶりの園・学校生活に不安や緊張を感じる子どもや、学校や園がある日の生活リズムになかなか戻れない子どももいます。9月は行事の多い月です。2学期の始業式に始まり、敬老の日前後には祖父母や地域のお年寄りとの交流会、子どもも保護者も楽しみにしている運動会などがあります。

◆指導のポイント
　長期の休み明けですので、子どもたちが安心して過ごせるように温かく迎え入れ、それぞれのペースを尊重しながら、生活のリズムが取り戻せるように環境を整えましょう。
　運動会に向けて、年少児には年長児の取り組みを見る機会を設け、自分たちもやってみたいという期待や運動会のイメージが膨らむようにします。年長児には、友達と一緒に十分に身体を動かし、勝利を喜んだり仲間を応援したり、積極的に運動会に参加し達成感を味わえるように援助します。
　また、9月は暑さもやわらぎ身近な秋の自然ともかかわれる時期ですので、虫、草花や木の実、月などにも興味がわくような環境を構成しましょう。

◆選曲のポイント（「とんぼのめがね」、「うさぎ」小学校第3学年共通教材）
　十五夜は、日本だけでなく、アジア各地で見られる伝統行事です。丸い月は家庭円満を表し、丸いものを食べて家族がみな元気で仲良くできるよう祈るお祭りでした。伝統行事を伝えるだけでなく、月との関係を世界各国と比較してみるのも、良い学習の機会となるでしょう。またトンボは、日本には200種類以上が生息している身近な存在です。その姿形は特徴的で、また子どもたちにとっても馴染み深いものでしょう。うたの情景を絵やペープサートなどで伝えてみるのもよいでしょう。

今月のうた（幼児）

とんぼのめがね

作詞　額賀誠志
作曲　平井康三郎

1. とんぼの めがねは みずいろめがね あおいおそらを とんだから とんだから
2. とんぼの めがねは ぴかぴかめがね おてんとさまを みてたから みてたから
3. とんぼの めがねは あかいろめがね ゆうやけぐもを とんだから とんだから

解説「とんぼのめがね」

　この歌詞の出生の地は福島県です。終戦直後、豊かな自然に囲まれたこの地で、作詞者である額賀誠志（ぬかがせいし）（1900年～1964年）は平野町でただ一人の医師として働いていました。往診の帰り、とんぼと一心に遊ぶ子どもたちの姿を見て、子どもらの健やかな成長と日本の復興を願ってこのうたが生まれたと言われています。1949年（昭和24）に、NHKラジオで放送されたのが初出で、1965年（昭和40）から1991年（平成3）まで、小学校低学年の教科書教材としてとりあげられていました。

　作曲者の平井康三郎（ひらいこうざぶろう）（1910年～2002年）は、初めてこの詞を見た時、それがもつリズム感や語感に魅せられたと言われています。平井の代表作としては、「スキー」（詞：時雨音羽（しぐれおとわ））、「ひな祭」「ゆりかご」（詞：林柳波（はやしりゅうは））などがあります。

今月のうた（小学校）

うさぎ

日本古謡

うさぎ うさぎ なに みて はねる
じゅうごや おつきさま みて ーー ねる

解説「うさぎ」

　「十五夜」とは、旧暦の8月15日のことで、現代の暦では9月7日から10月8日の間に出る満月を指します。別名を「中秋の名月」と言いますが、これは「秋の真中にでる満月」の意味。

　わらべうたの「うさぎ」は、初めて日本音階の特性（ヨナ抜き音階）を用いて生まれた童謡「十五夜お月さん」（詞：野口雨情、曲：本居長世）のもとになったといわれている作品です。「十五夜お月さん」は、母が亡くなったせいで家族が離散していく寂しさを月に向かってうたったものです。

　月と人との関わりは、世界各地で様々さまざまです。日本では比較的、「お月見」や「うさぎの餅つき」の話など、自然を愛する延長線上に置かれますが、例えば西洋では狼男や、「月とピエロ（狂人）」という、古典的モチーフとして固定化されており、どちらかというと、人間の精神的な影の面が表面化する際の道具としてあります。かつて夜がそれほど明るくなかった時、月は夜の闇に燦然と輝き、昼間と別のものを映し出すと考えられていたのでしょうか。

　いずれにせよ、どの国の人にとっても、月は身近なものであったことは間違いありませんね。

今月のあそびうた
おおきなくりのきのしたで

外国曲
訳詞者不明

（楽譜）
おおきなくりの きのしたで あなーたと わたし
なかよく あそびましょう おおきなくりの きのしたで

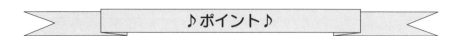

♪ポイント♪

　よく知られている曲で、簡単な動作をつけて楽しめます。お互いが見えるように円になって歌っても楽しいです。
　「♪〜あなたとわたし〜」のフレーズは二人組になって向かい合って互いに指さしながら歌ってもよいでしょう。

MEMO

今月の楽典
長調と主要三和音 II

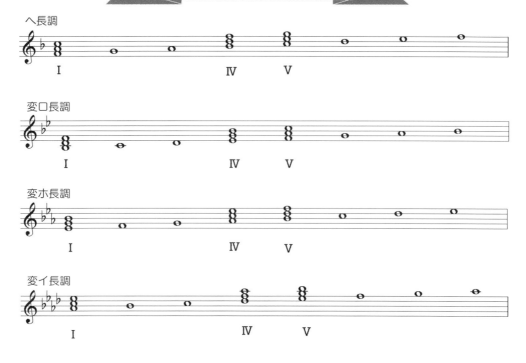

ヘ長調 I IV V

変ロ長調 I IV V

変ホ長調 I IV V

変イ長調 I IV V

MEMO

10月 October

神無月（かんなづき）
＊神様をまつる月の意。他にも、出雲に神々が集まり、地方に神様がいなくなるから、との説もある。

第8講

祝日：体育の日（第2月曜日）
行事：遠足・芋掘り
　　　ハロウィン（31日）

　秋は、"スポーツの秋""食欲の秋""読書の秋""芸術の秋"などと称されることが多い季節です。"スポーツの秋"にちなんだ「体育の日」は、1964年東京オリンピックの開会式のあった10月10日を記念して1966年に制定され、スポーツに親しみ、健康な心身をつちかう国民の祝日となりました（2000年からは10月第2月曜日）。"食欲の秋"と言えば、ブドウや梨、柿などの果物、サツマイモやサトイモなどの芋類、松茸やマイタケ、しいたけなどのキノコ類がおいしい時季で、食欲も一層増します。"読書の秋"にちなんでは、10月27日～11月9日を"読書週間"（社団法人・読書運動推進協議会主催）として各地で読書を推進する行事が多く開催されます。みなさんは、どの秋がぴったりですか。

◆ 10月の子どもの様子と園・学校行事
　9月から10月にかけては運動会を実施する園や学校も多く、運動会が終わっても子どもたちは運動会での種目を再現して楽しみます。友達と一緒に身体を動かす楽しさを知り、運動会でつけた自信で新たなことに挑戦する姿も見られます。
　芋掘りや栗拾い、稲刈りなどで秋の収穫を楽しんだり、木の実や落ち葉を集めたりして、秋の自然に触れる機会が増えます。「秋見つけ」など、「生活」の授業で取り上げることもできるでしょう。ドングリやマツボックリ、落ち葉など身近な素材を遊びに取り入れ、楽しむ様子が見られます。

◆指導のポイント
　暑さもやわらぎ戸外で思いきり身体を動かせる時期です。運動会で友達と一緒に運動する楽しさも経験しています。集団での運動遊びを積極的に取り入れても良いでしょう。また、季節の移り変わりや秋の季節感を味わえるように、散歩や遠足などの園外保育や学外活動を実施して、拾い集めた自然の素材を使った製作活動に展開してみましょう。実りの秋ですので、収穫した芋で焼き芋パーティを計画すると食育活動にもつながっていきます。

◆選曲のポイント（「どんぐりころころ」、「虫のこえ」小学校第2学年共通教材）
　「どんぐりころころ」は大正時代、「虫のこえ」は明治時代に作られた唱歌で、長く歌いつがれている曲です。歌詞が物語風になっているので、絵やパネルで内容を示すとよいでしょう。子どもたちにとって身近な素材であり、自然を扱った、秋にぴったりの曲です。

今月のうた（幼児）

どんぐりころころ

作詞　青木存義
作曲　梁田 貞

1. どんぐりころころ　ドンブリコ　おいけにはまって　さあたいへん
   どじょうがでてきて　こんにちは　ぼっちゃんいっしょに　あそびましょう
2. どんぐりころころ　よろこんで　しばらくいっしょに　あそんだが
   やっぱりおやまが　こいしいと　ないてはどじょうを　こまらせた

解説「どんぐりころころ」

　どんぐり、ドジョウ、男の子がくりひろげる、ストーリー性のある楽しい童謡です。どんぐりもドジョウも、初版の大正時代には生活の中にどこにでもある身近なものだったのでしょう。これは、作詞者の青木がまだ幼い頃、あまりに寝坊をするので、母親が池にドジョウを放ち、それと遊ぶのを目当てに息子を早起きさせようとしたエピソードに由来するのだそうです。「ぼっちゃん」は、子どものころへの青木のことなのですね。

　青木存義（あおき ながよし）（1879年〜1935年）は大正時代に、『かはいい唱歌』（共益商社書店発行）という、22編の唱歌が集められている唱歌集を2冊続きもので出版しました。「どんぐりころころ」が掲載されたのは、そのうちの第2冊目の方であり、大正11年5月4日に発行されました。

　作曲者の梁田 貞（やなだ ただし）（1885年〜1959年）は、作曲・声楽の道を志すほどに才能があり、子どもに音楽の楽しさを伝えるために東京府の中学校音楽科教師となりました。「どんぐりころころ」が作曲された当時は、東京府立五中学に勤めていたといいます。他に、北原白秋の詩による、「城ヶ島の雨」（1913年、大正2）があります。

　小学校の教科書では、1947年（昭和22）に『二年生のおんがく』（文部省）に採用され、以来うたい続けられています。

今月のうた（小学校）

虫のこえ

文部省唱歌

解説「虫のこえ」

　1910年（明治43）に、『尋常小学読本唱歌』に初出。その際には、2番の歌詞で「キリキリ……」となくのはこおろぎではなく、「きりぎりす」でした。これは、『枕の草紙』といった日本の古典文学の時代から「こおろぎ」と「きりぎりす」が混同されて使われていたということに基づいています。「きりきり……」というのであれば、「きりぎりす」の方が、日本の伝統的な言葉・音遊びの流れから自然なリズム感にふさわしいとも言えます。

　「虫のこえ」というテーマにそって、虫たちの様々な声が擬音語を繰り返す形で表されています。この特徴は、低学年児童むけの歌唱教材では定番の手法です

　「虫のこえ」がそれほど聴こえない現代社会で、5種類の虫のこえが登場する本唱歌は、特別な価値があると言えるでしょう。ここでは、松虫・鈴虫・こおろぎ・うまおい・くつわむしが出てきますが、すべての虫のこえを聞き分けられる子どもは、おそらく少ないのではないでしょうか。ひょっとすると、名前は聞いたことがあっても、実物を見たことがない児童も多いかもしれません。

　この教材は、様々な教科にまたがったものとして利用できるものです。日本に昔から生息し、地名などにも用いられるほどの身近な存在であったこれらの虫たちの写真や実物を見せ、自然への知識や親しみを深める機会にしたいものです。

今月のあそびうた
やきいもグーチーパー

作詞　阪田寛夫
作曲　山本直純

♪ポイント♪

　この季節は園でイモ掘りや焼き芋をすることがあります。歌詞もわかりやすい内容で親しめるでしょう。曲の最後に"じゃんけんぽん"を付け足してじゃんけんゲームとしても楽しめます。その時は子どもたちがじゃんけんのルールが理解できているかにも配慮しましょう。

やきいもやきいも　　おなかがグー　　ほかほかほかほか　　あちちのチー

たべたらなくなる　　なんにもパー　　それやきいもまとめて（拍手）

グー　　チー　　パー

MEMO

_____
_____
_____
_____
_____
_____
_____
_____
_____

今月の楽典
短調と主要三和音 I

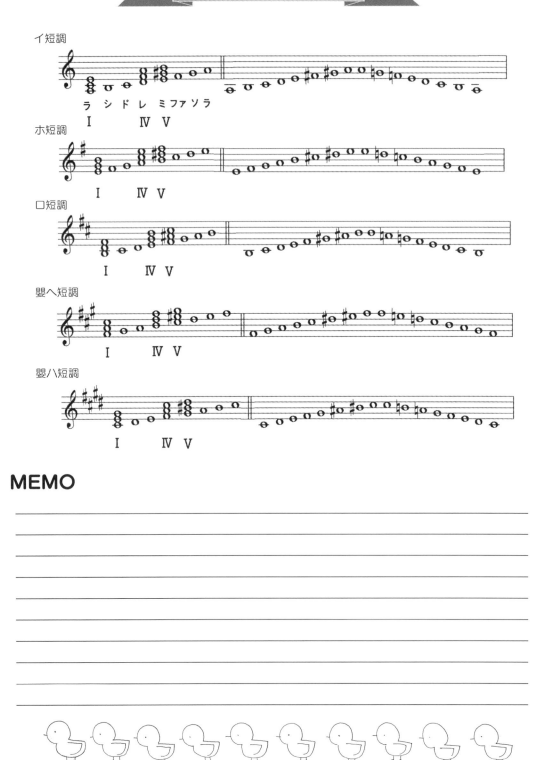

MEMO

11月 November
霜月（しもつき）
＊霜降り月、霜の降る月という意味。

第9講

祝日：文化の日（3日）
　　　勤労感謝の日（23日）
行事：七五三（15日）

　この時期は、神社で細く長い千歳飴（ちとせあめ）を手にした袴姿の男児や着物姿の女児を見かけることがあります。七五三（しちごさん）は、子どもの成長を祝う行事です。男の子は3歳と5歳、女の子は3歳と7歳の年の11月15日（最近では11月中の土日・祝日が多い）に神社や寺に詣でます。子どもの成長を祝ったり願ったりする行事や儀式は昔から多く、妊娠5カ月の帯祝い、お宮参り、お食い初め、初節句などがあります。

11月の子どもの様子と園・学校行事
　運動会で、一緒に体を動かす楽しみを味わい、多くの観客の前で自分の力を発揮できた充実感で自信をつけた様子がみられます。年少児や小学1年生は、園や学校生活にも随分と慣れ、身の回りのことが自分でできるようになっています。自己主張がぶつかりトラブルになることもありますが、仲間意識をもつようにもなります。年長児・小学2年生になると、共通の目的をもって遊びを展開したり、自ら進んで当番活動にも取り組むようになります。また、小3年生ともなれば、いよいよギャングエイジです。良いことも悪いことも、仲間でやり始めます。この時、きちんと「良い・悪い」を自分で判断し、主張できるよう支援が必要です。
　11月は落ち葉やドングリ、藤づるなどの自然物が入手しやすく、様々な素材を使って製作をする機会が多くなります。それらの製作物を保護者や地域の人に広く紹介するために作品展を実施する園・学校もあります。

◆指導のポイント
　製作活動では、子どもたちが試したり工夫したりできるように、いろいろな素材や道具を用意しておきましょう。はじき絵やマーブリングなど新しい技法を取り入れても楽しめるでしょう。新しい道具を出すときはその使い方と留意点をわかりやすく伝えるようにします。造形活動では自分なりにイメージしたことが表現できるような援助が大切です。保育者の言葉がけ一つでも、子どもはイメージを膨らませ、自信を持って取り組むことができます。

◆選曲のポイント（「やまのおんがくか」「かくれんぼ」小学校第2学年共通教材）
　文化の日にちなんで、音楽会や演奏会が開催される時季です。子どもたちがヴァイオリンやフルートを目にする機会もあるでしょう。いろいろな楽器があること、またできる限り、それらの楽器に触れることができるよう、機会を提供していきましょう。

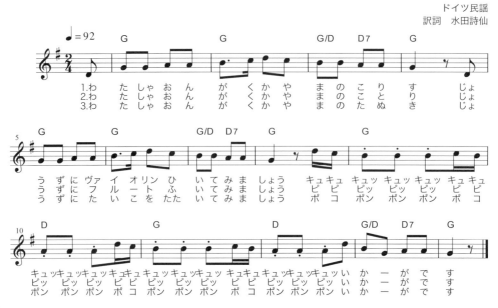

解説「やまのおんがくか」

　ドイツの古い民謡 Ich bin ein Musikante（イッヒ ビン アイン ムジカンテ）を日本語に訳したものです。ただ、直訳ではなく、ほぼ完全な「意訳」です。日本語では、「りすや」や「ことり」や「たぬき」といった動物が出てきますが、原曲では出てきません。1964年4月、NHK「みんなのうた」で服部克久（はっとり かつひさ）（1936年～）の編曲で「山の音楽家」として紹介されました。

　原曲のドイツ語題名の直訳は、「わたしは音楽家」です。内容は、シュヴァーベン（ドイツ南西部の地方名。アルプスに近く、標高がやや高い）の音楽家たちがトランペット、ヴァイオリン、ティンパニー、クラリネット、フルート、ピアノ、トライアングル、ファゴット、ドラムなど演奏できる、というものです。

　園や小学校など授業で使う際には、"キュキュキュッ"のところは演奏家になりきってヴァイオリンを弾くまねをしたり、"ピピピッピピ"では笛を吹いたり、"ポコポンポン"では太鼓をたたいたまねをしてみましょう。また、原曲のように、様々な楽器を使ってアレンジしたり、身近な素材を楽器に見立て、それを歌詞に入れたりすると、広がりある内容となります。

今月のうた（小学校）

かくれんぼ

文部省唱歌
作詞　林　柳波

かくれんぼ するものよっといで　じゃんけんぽんよ あいこでしょ

「もう いい かい」「まあ だ だ よ」「もう いい かい」「もう いい よ」

解説「かくれんぼ」

　日本の伝統的なあそび「かくれんぼ」ですが、世界中に同様のルールの遊びがあります。日本では、神隠しの伝説や、誘拐を恐れることから、「かくれんぼ」は夕ぐれ以降はしないことが慣習でした。

　この歌は、そのような子どもの遊びをそのまま、旋律にのせたものです。弾むリズムと、日本の特徴的な旋律が用いられています。また、林柳波（はやしりゅうは）（1892年〜1974年）は、「うみ」「たなばたさま」「スキーのうた」など、日本の伝統的行事や風景などを織り込んだ、たくさんの文部省唱歌を作詞しています。

今月のあそびうた

八百屋のお店

フランス曲
作詞者不明

♪ポイント♪

　八百屋さんにある野菜を思い浮かべて、「♪〜かんがえてごらん」の後に、リーダーが答え、合っていれば他の子どもたちも復唱します。
　八百屋さんにないようなもの（おもちゃ、フライパン、スカートなど）を答えたら、他の子は「ないよ」とか「ありません」と言います。
　他には、合っていれば拍手２回、間違っていれば何もしないという遊び方もあります。
　年齢があがれば、円になって座り順番に品物を答えていくのもよいでしょう。八百屋をパン屋や魚屋に変えても楽しめます。

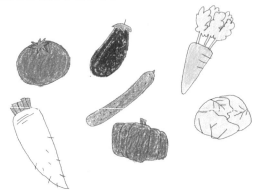

MEMO

今月の楽典
短調と主要三和音 II

MEMO

12月 December

師走（しわす）
＊師である僧侶が、お経をあげるためにあちこち走り回る月という意味。

第10講

祝日：天皇誕生日（23日 ＊本書出版時）
行事：クリスマス（25日）
　　　大晦日（31日）

　年末となる12月には、いろいろな風習や新年を迎えるための準備があります。お歳暮を贈ったり年賀状を書いたり、餅つきやおせち料理作り、年越しそばを食べたりもします。日本の伝統的行事が多い年の瀬ですが、子どもたちにとってはサンタクロースがプレゼントを持ってやってくる"クリスマス"が一番のお楽しみになっているのではないでしょうか。

◆12月の子どもの様子と園・学校行事
　クリスマスツリーの飾りの製作や、鈴やカスタネット、トライアングルなどの楽器遊びの活動をしながら、クリスマス会を楽しみにする様子が見られます。園や学校では、餅つきをしたり、かるたやすごろく、こま回しなどのお正月遊びを経験する機会が設けられます。また、「鏡餅」のいわれなど、新年を迎える準備の1つひとつに込められた願いや意味を通して、日本の伝統的な年末年始の過ごし方や雰囲気に触れられるようにしましょう。

◆指導のポイント
　寒くなってくると、戸外で遊ぶよりも室内で過ごす時間が増えます。天気の良い日には、寒さに負けず思い切り身体を動かして遊ぶことも大切です。気温や体温に合わせて衣服の調整もできるように指導しましょう。また、インフルエンザなどの感染症が流行する時季です。手洗いやうがいの必要性、はなのかみ方やせきの仕方なども指導していきましょう。
　冬休みは楽しい行事がいろいろとあり、生活リズムが崩れやすいので、保護者の方に冬休みを楽しく安全に過ごせるような過ごし方を伝えることも必要です。

◆選曲のポイント（「あわてんぼうのサンタクロース」「ふじやま」小学校第3学年共通教材）
　子どもたちが楽しみにしているクリスマス。愉快なサンタクロースの様子が物語風に歌詞になっていて親しみやすい曲です。低年齢児は絵やパネルシアターなどで内容を示すとわかりやすいでしょう。「♪リンリンリン」や「♪ドンドンドン」のところで鈴やタンブリンなどの楽器を鳴らして、合奏としても楽しめます。
　また、「ふじやま」は古来から日本の象徴として人々に敬われ、大切にされてきた山です。初夢では「一富士・二鷹・三なすび・（四扇、五煙草）」の順番で、縁起がいいとされています。それらを夢に見るために、絵を枕にしいて寝るなどのまじないもあります。「富士山」が、日本人にとってどのようなものとして受けとめられてきたのかをポイントに、美しい日本の風景を伝えるように工夫しましょう。

今月のうた（幼児）

あわてんぼうのサンタクロース

作詞　吉岡　治
作曲　小林亜星

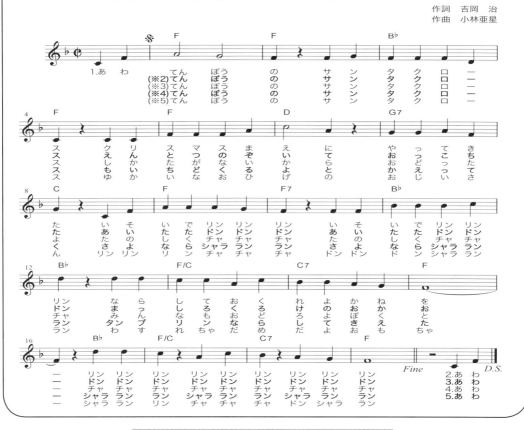

解説「あわてんぼうのサンタクロース」

　「サンタクロース」は、「聖ニコラウス」いうカトリック教会の聖人のエピソードがモチーフとなっています。昔、貧しさのあまり、娘の嫁入り支度を整えられない家に、ニコラウスが夜、煙突からこっそり入って、その家にあった靴下の中に金貨を入れてやった、という逸話があります。赤い服は、キリスト教の司祭服が由来です。

　園や小学校でよく歌われる、クリスマスの歌です。作詞者の吉岡治（1934年～2010年）は、キャプテン翼のテーマ「燃えてヒーロー」などの歌で有名な作詞者で、また作曲者の小林亜星（1932年～）は「この木なんの木」などの作曲者です。歌詞には物語性があり、音楽は非常に旋律的に豊かなものです。単旋律で歌われることが多いのですが、トナカイを象徴する鈴を用いるなど、イメージを膨らませる工夫をしましょう。

今月のうた（小学校）

ふじ山

文部省唱歌
作詞　巌谷小波

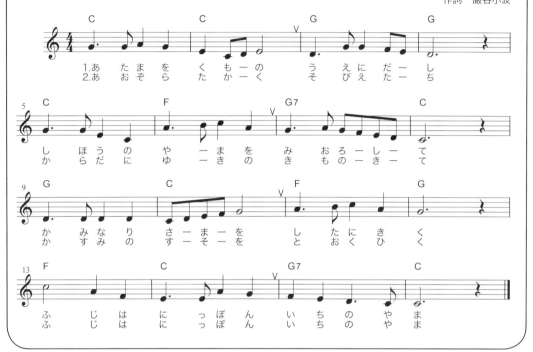

解説「ふじ山」

　初出は1910年（明治43）7月で、『尋常小学読本唱歌』に、「ふじの山」として掲載されました。それが「富士山」と漢字表記になったのは、翌年出版の『尋常小学唱歌』です。その後、「ふじ山」や、様々な表記の変遷がありましたが、現在の表記は3年生の共通教材ということによります。もともと歌詞は、当時の国語の教科書である『尋常小学読本』（巻四第五課）の読み物としてあったものです。

　富士山を擬人化して歌われていることが特徴的な歌ですが、戦前には「日本一」や2番の歌詞で「いく万年の後までも、世界第一　神の山」とあったことから、かなり軍国主義の色調が強かった曲の1つです。そのため、戦後直後の教科書（昭和22年）では採用されていません。採用されたのはその翌年のことで、「ふじは　にっぽんいちの　やま」（全音出版『しょうがくおんがく　二年生』）となっています。

　歌詞が時代によってどのような解釈を付けられてきたとしても、美しい日本の情景が歌いこまれてきた、ということには違いありません。「うみ」と同様、環境の話も踏まえながら、風景と共に大切に歌い継いでいきたいものです。

今月のあそびうた

アルプスいちまんじゃく

アメリカ民謡

1. アルプス いちまん じゃく こやりの うーえで アルペン がおどりを おどりまーしょう ヘイ ランラララ ラララララ ンラララ ラララ ランラララ ラララ ラララララー
2. きーのう みた ゆめ でっかい ちいさい ゆめ だよ ほーしの リュック しょって ランプに おふとん じがとど しょうく ヘイ
3. いちまん じゃーくに テントを はーれば ほーしの ランプに ふて じがとど しょうく ヘイ

♪ポイント♪

　ふたり組になって向かい合って遊びます。息が合うとぴったりと手の動作が合い楽しめます。基本の動作ができるようになったら応用にも挑戦してみましょう。
　徐々にスピードを上げていってもよいでしょう。
　他の４拍子の曲に合わせてやってみても楽しいでしょう。

〈「今月の楽典」答え〉

ミミミ	ミミミ	ミソドレ	ミ	ファファファ	ファミミミ	ミレレド	レソ
ミミミ	ミミミ	ミソドレ	ミ	ファファファ	ファミミミ	ソソファレ	ド

＊基本は、続きの歌詞に合わせて、ここまでの動きを繰り返します。
＊応用は、下記のように続けます。

＊応用では、この続きは最初から繰り返します。

MEMO

今月の楽典
階名唱

下の旋律に階名（ドレミ）をつけ、うたってみましょう。何のうたか、わかりましたか？
（答えはP.64）

(　　　　　　　　　　　　　　　　　　　　　　　　　　　　　　　　　　　　　　　)

(　　　　　　　　　　　　　　　　　　　　　　　　　　　　　　　　　　　　　　　)

MEMO

第11講

1月 January
睦月（むつき）
＊親戚同士が集まり、仲良くする（仲睦まじい）月という意味。

祝日：元日（1日）
　　　成人の日（第2月曜日）
行事：七草（7日）・鏡開き（11日）
　　　左義長/どんど焼き（15日）

　1月は日本の伝統行事や日本情緒あふれる光景を目にする機会が多い月です。お正月には、家の門や玄関にしめ飾りや門松、室内には鏡餅を飾って元旦を迎えます。子どもたちは、家族や親戚からもらうお年玉を楽しみにしています。新年を迎えるとおせち料理やお雑煮を味わいます。七日の朝には春の七草（セリ・ナズナ・ゴギョウ・ハコベラ・ホトケノザ・スズナ・スズシロ）を入れた七草粥を食べて1年の邪気を払う習慣があります。他にも、門松やしめ飾り、書き初めなどを持ち寄って焼く「どんど焼き」や20歳の青年を祝い励ます「成人の日」などの行事があります。

◆1月の子どもの様子と園・学校行事
　冬休み明けの久しぶりの登園を楽しみにしている子がいる一方で、長期の休みで生活ズムが崩れてしまい、不安定な子どももいます。友だちとの再会を喜び、冬休み中の楽しかった経験を楽しそうに話す姿もみられます。それらの経験を、遊びの中で再現し、かるたやこま回し、たこ揚げに挑戦したり、友だちと競い合ったりして子どもたちは自在に楽しみます。
　園行事としては始業式がありますが、他にも作品展や生活発表会をする園もあります。小学校では特に低学年のうちに、日本の伝統的な遊びに親しめるように機会を作りましょう。地域のボランティアによる「遊び教室」を開いてもらうのも楽しいかもしれません。

◆指導のポイント
　長期の休み明けです。低年齢児は園生活のリズムを取り戻し、身の回りのことを自分できるよう援助していきます。休み前の遊びや学習内容を振り返る環境を整えると、スムーズに友だちやクラスの輪に入っていけるでしょう。年末年始に体験していた正月遊びも楽しめるように、コーナーを決め、自分たちで用意や片付けができるようにすることも大切です。寒くなると室内で過ごすことが多くなりがちですが、たこ揚げなどで外に出て身体を動かし、冬の自然を感じる機会をもつようにしましょう。

◆選曲のポイント（「北風小僧の寒太郎」、「ひのまる」小学校第1学年共通教材）
　冬に北西から吹く季節風である北風を題材にした歌で、冬の空っ風の吹く様子が表現されています。「ござんす」という言い回しも子どもたちには新鮮です。「♪寒太郎〜」の後に繰り返して「寒太郎」と合の手を入れても楽しめます。

今月のうた（幼児）

北風小僧の寒太郎

作詞　井出隆夫
作曲　福田和禾子

解説「北風小僧の寒太郎」

　1974年にNHK「みんなのうた」に登場し、堺　正章（さかいまさあき）（1946年〜、本名は栗原正章（くりはらまさあき））と東京児童合唱団のうたで人気を博しました。その前に、同じくNHK「おかあさんといっしょ」での放送が初出とも言われます。

　三度笠に股旅姿のかわいい「寒太郎」が、山を越えて飛んでくるアニメーションが話題となりました。

ひのまる

文部省唱歌
作詞　高野辰之
作曲　岡野貞一

解説「ひのまる」

　1911年（明治44）5月『尋常小学唱歌（1）』に初出。作詞／高野辰之（1876年～1947年）、作曲／岡野貞一（1878年～1941年）は、「春の小川」の場合と同じコンビです。歌詞を「ああ美しい」から「ああ勇ましい」と変えて、大正から第2次世界大戦の間によく歌われました。現在は、1年生の共通教材として用いられています。

今月のあそびうた

ずいずいずっころばし

わらべうた

♪ポイント♪

日本に昔から伝わるわらべうたです。冬の室内遊びにぴったりで、5、6人で輪になって遊びます。

〈遊び方〉
- 鬼以外は両手を出して親指と人差し指で輪を作ってかるく握ります。
- 鬼は歌いながら順々にこぶしの中に右手の人差し指を入れていきます。
- 歌い終わったときに鬼の指が入った手は引っ込めます。
- 歌を繰り返すとこぶしの数が減って、最後の一つになった人が次の鬼になります。

MEMO

今月の楽典
近親調

近親調とは、1つの調と関係が深い（重なる音が多い）調を指し、以下の種類があります。重なる音が多いので、互いに行き来しやすい（転調しやすい）という特徴があります。

平行調…同じ調号を持つ調のこと。
　　例：ハ長調⇔イ短調
同名調（同主調）：同じ主音を持つ調のこと。
　　例：ハ長調⇔ハ短調
属調：その調の属音を主音とする調
　　（5度上の調）
　　例：ハ長調→ト長調
下属調：その調の下属音を主調とする調
　　（5度下の調）
　　例：ハ長調→ヘ長調

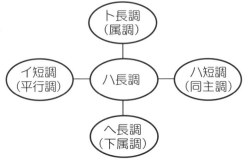

MEMO

2月 February

如月（きさらぎ）
＊まだ寒いので着衣（衣）を更に重ねて着るという意味。「衣更着（きさらぎ）」とも

祝日：建国記念の日（11日）
行事：節分（3日）
　　　バレンタインデー（14日）
　　　豆まき　生活発表会

第12講

　節分とは季節を分けるという意味で、本来は立春・立夏・立秋・立冬の前日を指しますが、今では2月の節分だけが大きく取り上げられているようです。昔から季節の変わり目には邪気（鬼）が生じるといわれ、それを追い払うための行事が行われてきました。
　2月3日の節分では、「鬼は外、福は内」と掛け声をかけながら豆まきをし、鬼を追い払い、その後に、自分の年の数だけまいた豆を食べます。自分の年の数より一つ多く食べると、その年は病気にならず健康に過ごせるという地域もあるそうです。最近では、節分の日に、その年の神様のいる「恵方」を向いて、太巻きずし「恵方巻き」1本を、目を閉じて願い事をしながら無言で食べる習慣が広がっています。包丁を入れると縁が切れるとのことで、丸かぶりをするそうです。翌日4日は立春、暦の上では春の到来です。

◆**2月の子どもの様子と園・学校行事**
　友だちと劇遊びなどをして、互いの表現や動きに刺激をもらいながら、いろいろな表現を楽しむ姿が見られます。このような遊びが発表会へとつながっていきます。友だちとの関わりが増え、自分の思いを友だちに伝えながら、また互いの良さを認める様子もうかがえます。
　行事などを通して、クラス全体がひとつになって、集団としての育ちが見られます。

◆**指導のポイント**
　2月には発表会をする園や学校が多くあります。年少児や低学年にとっては、人前に立つことや発表することに戸惑いを見せたり、不安や緊張を感じたりする子どももいます。みんなで意欲的に取り組めるように、普段の劇遊びや楽器遊びを十分に楽しんでおくことが大切です。
　発表会当日は安心して発表できるような声かけ、そして終了後は頑張ったことを認め褒めるような声かけが大切です。保護者には子どもたちの発表を温かく見守ってもらえるように日々の取り組みや様子、ねらいを伝えておきましょう。発表会はクラス全体で取り組み、達成感を味わうことができるよい機会ですが、"見せるため"の発表会になると子どもたちに負担がかかりすぎるので注意しましょう。何よりも子どもの学びの機会であるととらえ、主体が子どもであることを忘れないように。

◆**選曲のポイント**（「ゆき」、「はるがきた」小学校第2学年共通教材）
　雪の降る景色を描いた文部省唱歌です。情景をペープサートや絵で示すと思い描きやすいでしょう。♪ゆきやこんこ　の最後に「ん」をつけてしまったり、1番と2番の歌詞が入れ替わってしまっていたりする人が多いので気をつけましょう。

今月のうた（幼児）

ゆき

文部省唱歌

解説「ゆき」

　1911年（明治44）『尋常小学唱歌（二）』に初出。日本の美しい風景を子どもたちに歌で伝えようと作られたものです。そのため、雪がふって帽子をかぶったように見えるのを「わたぼうし」に、冬枯れの木々に雪が降って、花が咲いたように見えることを「枯れ木は残らず花が咲く」と歌うなど、情景描写の美しさがさえています。

　歌詞にある「ゆきや　こんこ」とは、「ゆきよ、来い」という意味。もともとは、日本の各地に古くよりあった、子どもたちの雪への呼びかけにあったものです。

　曲は、雪が弾むように降り落ちてくる様子とともに、子どもたちが雪の中で喜んで走り回るような、はずんだ調子が付点のリズムで表現されています。

今月のうた（小学校）

はるがきた

文部省唱歌
作詞　高野辰之
作曲　岡野貞一

解説「はるがきた」

　歌詞はもともとは、1903年（明治36）発行の、『尋常小学読本（三）』に掲載された「のあそび」という1文の中に挿入された韻文（韻をふんだ詩）でした。韻文の前には、着々と春が近づいてくる様子が、子どもたちを通して描かれている内容があります。

　初期には「むすんでひらいて」の一部分が使われるなど、様々な曲がついて歌われました。岡野貞一（おかのていいち）（1878年～1941年）による曲がつけられたのは、1910年（明治43）『尋常小学読本唱歌』とされ、その後定着していきました。この『尋常小学読本唱歌』とは、当時の国語の教科書である『読本』に掲載されていた教材に曲をつけ、国語と音楽の両方の時間で使用されました。

　1段目、2段目ととてもよく似たメロディーであることに注目しましょう。このような形式を「一部形式」といいます。よく似た、あるいはまったく同じ旋律をうたう時には、何らかの変化をつけて歌います。歌詞にうたいこまれている内容をよくくみ取り、想像して歌い方を工夫します。

　現在は、小学校2年生の共通教材として採用されています。

今月のあそびうた

てをたたきましょう

作詞　小林純一
作曲者不詳

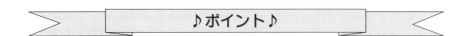

　動作のついた有名な遊び歌です。歌詞の通りに、手をたたいたり、足踏みをしたりします。♪わらいましょう　♪おこりましょう　♪なきましょう　のところは大げさなくらいに動作をつけるとよいでしょう。

（てをたたきましょう）
たんたんたん　たんたんたん

（あしぶみしましょう）
たんたんたん　たんたんたん

（わらいましょう）
あっはっは

ああおもしろい
＊両手を挙げて横に広げて下ろしていく

（おこりましょう）
うんうんうん

ああおもしろい

（泣きましょう）
えんえんえん

ああおもしろい

MEMO

今月の楽典
長調の和音進行

伴奏を付ける時など、和音はその進行が決まっています。「カデンツ」と言われるものですが、基本的に、以下の3つがあります。

① I → V → I 「起立・礼・着席」の合図としてよく用いられます。
② I → IV → I 俗に「アーメン終止」と呼ばれるもので、賛美歌などの最後によく用いられます。
③ I → IV → V → I 和音の句切れが1つながいだけで、雰囲気を変えることができます。

以下に、園や学校でよくつかわれる調の進行形を下にあげます。
＊V（ソ・シ・レ）の和音はV7（ソ・シ・レ・ファ）におきかえることもできます。

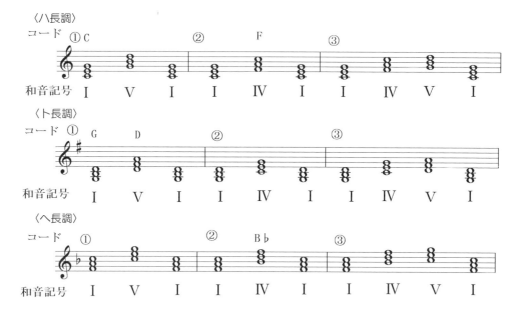

3月 March
弥生（やよい）
＊草木がいよいよしげる月の意。

第 13 講

祝日：春分の日（春分日。年によって変わる）
行事：ひな祭り会、お別れ会
　　　卒園式・卒業式

　春を告げる鳥「春告鳥」はウグイスの別名です。ウグイスの鳴き声と言えば「ホーホケキョ」と思い浮かべる人が多いと思いますが、これはオスの泣き声です。気象庁によると、春に「ホーホケキョ」のさえずりを初めて聞いた日を「ウグイスの初鳴日」と言うそうです。ウグイスの初鳴は、1月下旬に関東地方の八丈島で始まり、2月末頃に九州、四国南部、3月上旬に中・四国地方・近畿地方・東海地方南部・関東北部、3月中旬に北陸・東海北部・関東甲信越・東北南部、その後、東北北部を北上し、4月下旬に北海道に到達します。その後、8月下旬頃まではこのさえずりをよく耳にします。

◆3月の子どもの様子と園・学校行事
　年度末の3月、3、4歳児は進級を楽しみに、5歳児は就学に期待を膨らませる時期です。まだ進級に不安を感じる子どもがいる3歳児、年長組に上がる喜びと自覚をもち始める4歳児、卒園式をひかえて期待と緊張が高まる5歳児、それぞれに1年間の成長を認め、振り返る時期でもあります。この時期の園行事は、卒園式・修了式の他に、お別れ会やお別れ遠足などがあります。

◆指導のポイント
　1年間の子どもたちの成長を子どもたち自身が感じられ、自信がもてるような活動が大切です。卒園式やその他の行事もありますが、友だちとしっかりとかかわり、園生活を十分に満喫できるようにしましょう。
　保護者とともに、一人ひとりの育ちを認め、その成長ぶりを喜び合いましょう。また保護者には一年間の園への協力への感謝を伝え、これからも子どもたちの育ちを応援していくことを伝えましょう。

◆選曲のポイント（「うれしいひなまつり」、「ひらいたひらいた」小学校第1学年共通教材）
　「ぼんぼり」「五人囃子（ばやし）」「お内裏様（だいりさま）」「お雛様（ひなさま）」「官女（かんじょ）」「金の屏風（びょうぶ）」「右大臣（うだいじん）」など子どもたちの聞いたことがない言葉が出てきます。ひな人形を飾っている園もありますが、飾らない場合は写真や絵で子どもたちに見せるとよいでしょう。ひな祭りの意味や由来もわかりやすく伝えるようにしましょう。
　また「ひらいたひらいた」は、小学校1年生の共通教材で、古くからあるあそびうたです。わらべ歌やそれにまつわるあそび歌が共通教材に載っているのは、単に歴史的な遊びの学びだけではなく、伝統的な価値観がそこに反映されているからです。他にも同様な遊びがないかなど、わらべ歌が出てきた時には、シンプルな教材だからこそ、広い視野をもって教材研究を行いましょう。

今月のうた（幼児）

うれしいひなまつり

作詞　山野三郎
作曲　河村甲光陽

解説「うれしいひなまつり」

　作詞者の山野三郎（1903年～1973年）は、「サトウハチロー」の別名。本名は、佐藤八郎といいます。名前を変えているのは、専属のレコード会社との契約によるものです。昭和11年にレコードの発売により、歌われるようになりました。彼は「小さい秋見つけた」「しかられて」などの童謡のヒットソングを多く持つ、高度成長期の日本を代表する詩人です。

　この詞を作ったころサトウは離婚し、引き取った子ども3人のために豪華な雛飾りを苦労して飾ったと言われています。また、自身の姉が結婚の直前に亡くなったということへの鎮魂歌（レクイエム）であるという説もあります。

　作曲者の河村光陽（1897年～1946年）は「かもめの水兵さん」などを作曲している、戦前・戦中にかけて活躍した作曲家です。

　いずれにせよ、子どものお祭りでありながら物悲しい旋律は、本来ならば似つかわしくないものです。これほどに歌われるようになったのは不思議でもあります。

今月のうた（小学校）

ひらいたひらいた

わらべうた

1. ひらいた ひらいた なんのはなが ひらいた れんげのはなが ひらいた
2. つぼんだ つぼんだ なんのはなが つぼんだ れんげのはなが つぼんだ

ひらいたと おもったら いつのまにか つ ー ー ぼ ん だ
つぼんだと おもったら いつのまにか ひ ー ー ら い た

解説「ひらいたひらいた」

　子どもたちの遊びうたの典型のひとつ、「輪あそび歌」の形をなしています。歌詞にある「れんげ」は、蓮の花のことで、仏教思想から「極楽浄土」を示しているといわれています。うたわれているように、朝ひらいて夕方にはしぼみます。

　遊び方は、手をつなぎ輪になった子どもたちが、中心に向けて輪を縮めたり広げたりして遊びます。日本には他に、「かごめかごめ」などがあります。このような「輪あそび歌」は世界各地にあり、「不思議の国のアリス」の中にも輪あそび歌 "Here we go round the mulberry bush"（桑の木のまわりをまわろう）が登場しています。

　最近では、このような世界各地にある「あそび歌」の特性を、形態別に分類・分析し、子どもの心身に及ぼす影響を研究する成果も現れてきました。ちなみに、この「ひらいたひらいた」では、①歌いながら回ることによる平衡感覚、②歌と身体の動きをイメージによってコントロールする力、③隣の人と手をつなぐことによる心理的安定、などが得られるといわれています。

今月のあそびうた

しあわせならてをたたこう

アメリカ曲
作詞　木村利人

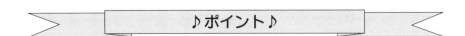

　「手をたたこう（拍手）」「足ならそう（足ぶみ）」「肩たたこう（肩たたき）」の動作が入った歌遊びです。これらの動作の部分を、「笑いましょう（わははと笑う）」とか「ジャンプしよう（跳ぶ）」など別の動作にしても楽しいでしょう。

しあわせなら手をたたこう　　　　（拍手）　　　しあわせなら手をたたこう　　　　（拍手）

しあわせなら態度で示そうよ　ほらみんなで手をたたこう　　　　　　　　　　　　（拍手）

しあわせなら足ならそう　　　（足踏み）　　　しあわせなら足ならそう　　　（足踏み）

しあわせなら態度で示そうよ　ほらみんなで足ならそう　　　　　　　　　　　　（足踏み）

しあわせなら肩たたこう　　　（肩たたき）　　しあわせなら肩たたこう　　　（肩たたき）

しあわせなら態度で示そうよ　ほらみんなで肩たたこう　　　　　　　　　　　　（肩たたき）

今月の楽典
短調の和音進行

〈イ短調〉

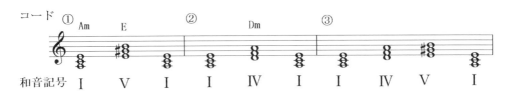

〈ホ短調〉

〈ニ短調〉

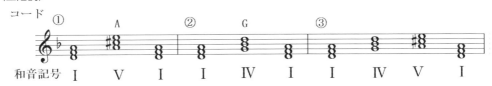

MEMO

第14講 幼稚園の生活と音楽

◆**幼稚園の生活の中における音楽**

　幼稚園では、小学校のように教科としての「音楽」はありませんが、文字通り「音を楽しむ」という活動が生活の一部として音楽が取り込まれています。それは、朝や帰りのお集まりであったり、誕生会や季節行事、生活発表会の時であったりと様々です。活動内容としては、歌うこと、音楽に合わせて身体を動かす身体表現、楽器遊びや手遊びなど多様です。

　幼稚園教育要領では、心身の健康に関する領域を「健康」、人とのかかわりに関する領域を「人間関係」、身近な環境とのかかわりを「環境」、言葉の獲得に関する領域を「言葉」、感性と表現に関する領域を「表現」と5領域に分類し、指導する「ねらい」や「内容」を示しています。音楽はこの5領域のうち、「表現」の領域に深く関係しています。

　領域「表現」では、感じたことや考えたことを自分なりに表現することを通して、豊かな感性や表現する力を養い、創造性を豊かにすることを目指しています。領域「表現」の「ねらい」は次の3点です。

（1）いろいろなものの美しさなどに対する豊かな感性をもつ
（2）感じたことや考えたことを自分なりに表現して楽しむ
（3）生活の中でイメージを豊かにし、様々な表現を楽しむ

　これらのねらいを具体的に示した「内容」で直接的に「音楽」について言及されているのは、「音楽に親しみ、歌を歌ったり、簡単なリズム楽器を使ったりなどする楽しさを味わう」の部分です。ここで大切なのは、"楽しさを味わう"ことです。決して、正しい音程で歌えるようになることや、楽器を上手に演奏できることが目標ではありません。幼児が遊びを通して音や音楽に親しみ、その楽しさや美しさを味わうことが重要なのです。

　幼児が音楽に合わせて身体を動かしたり、遊びながら自然と歌を口ずさんだりしている様子を見ると、子どもは音楽とかかわることが本当に好きなのだと思います。幼児期には、音楽とよい出会いをし、音楽に関わる活動を楽しんで経験することが、豊かな感性を育むことにつながっていくのです。

◆**選曲のポイント**　（「いちねんせいになったら」、「きみがよ」小学校全学年）

　「一年生になったら」は、就学への期待を高める5歳児とともに、1年生になる喜びと自覚を持ちはじめる3学期にぜひ歌いたい曲です。「♪ともだち100人〜」「♪富士山の上で〜」には大きな期待感が込められています。

　「君が代」は、社会的なイデオロギーに左右される曲ではありますが、現在の日本の国歌であることは事実です。国歌を大切に思う心は、自分の家族や周りの人たちを大切にし、日々の営みを愛する心から生まれるものです。その思いから始まるからこそ、他国の人々の生活にも思いをはせ、その国歌をも尊重できるようになるのです。「君が代」を歌う時にはぜひ、他国の国歌もとりあげ、それぞれの国がどのような思いで国歌を大切にしているのか考えることができれば、貴重な平和教育の機会となります。

今月のうた（幼児）

一年生になったら

作詞 まど・みちお
作曲 山本 直純

解説「一年生になったら」

　「ぞうさん」で有名なまど・みちお（1909年〜、本名は石田道雄（いしだ みちお））の作詞、「こぶたぬきつねこ」で有名な山本直純（やまもと なおずみ）（1932年〜2002年）の作曲の、日本を代表する童謡の1つ。卒園時に、園児がうたうと同時に、入学式の日にも歌われる曲でもあります。

　進級する喜びと期待を、友達と一緒に味わおうするかのような、元気な歌です。「100人」という数は、少子化の現状を思うとリアリティーがありませんが、単に友達が多ければよい、というものでもありません。新しい環境で友だちを見つけることと同時に、周りの大人や年長の子どもたちが、新しいメンバーを受け入れ、その喜びを共に分かち合って、歌いあうことがこの曲の意義を深めます。

　弾む付点のリズムを意識して歌うようにすると、うれしくてたまらず、ぴょんぴょんはねている子どもの姿がイメージできます。

今月のうた（小学校）

きみがよ

国歌　　　　　　　　　　　　　　　　　　古歌
　　　　　　　　　　　　　　　　　　作曲　林　広守

きみがーよーは　ちよにーーやちよに

さざれ　いしの　いわおと　なりて

こけの　むーすーまーーで

解説「きみがよ」

　宮内省式部寮雅楽課に所属する音楽家 林　廣守（はやし ひろもり）（1831年〜1896年）が、1880年（明治13）に作曲したものです。この作曲には、フランツ・エッケルト（Franz Eckert、1852年〜1916年）も手助けしました。もともと日本には「国歌」という考え方がなく、1869年にイギリス陸軍の軍楽隊長が観兵式で演奏するための国歌の曲目を築地の海軍操練所に問い合わせたのが、国歌「君が代」のきっかけと言われています。

　歌詞は『新古今和歌集』（905年：延喜5）の中の「賀」の歌（長寿を祝う歌）としてあった歌の1つです。ジョン・ウィリアム・フェントン（John William Fenton、1831年〜1890年）が問い合わせた当時、毎年正月には「おさざれ石」という行事を江戸城大奥で行い、「賀歌」を歌うことになっていました。この最初の君が代の旋律は、琵琶歌の「蓬莱山」の一節から、フェントンが聴きとり、楽譜に起こしたものでした。歌いにくかったために、次第に歌われなくなり、ドイツ人の音楽教師の招聘を期に、現代の形に整えられたのです。

　さざれ石とは、小さい石の意味です。

今月のあそびうた

とんとんとんとんひげじいさん

作詞者不明
作曲 玉山英光

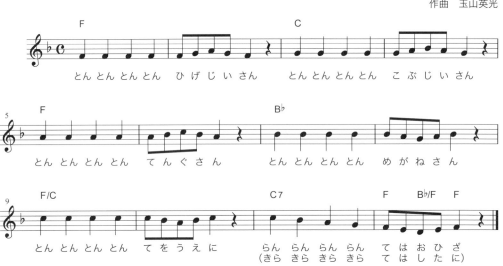

♪ポイント♪

　低年齢児でも楽しめる有名な手遊びです。バリエーションも多くあります。テンポを速くするだけでも楽しめます。他には、「ひげじいさん」のひげを作った後に「ニュー」と言いながら下になったこぶしでひげの伸びるしぐさを、「こぶじいさん」では「ポロッ」と言いながら片方のこぶが落ちるしぐさを、「てんぐさん」の後には「ボキッ」と言って前に置いたこぶしで鼻の折れるしぐさを、「めがねさん」では「ガシャ」と言って片方のめがねが壊れるしぐさをいれたりするとさらに楽しめます。アニメキャラクターの「アンパンマン」や「ドラえもん」などのバリエーションもあります。

とんとんとんとん　　ひげじいさん　　とんとんとんとん　　こぶじいさん

とんとんとんとん　　てんぐさん　　とんとんとんとん　　めがねさん

とんとんとんとん　　手をうえに　　らんらんらんらん　　手はおひざ
　　　　　　　　　　　　　　　　（きらきらきらきら　　手はしたに）

MEMO

今月の楽典
音符の長さ（まとめ）

＊音符の割合を理解しましょう。

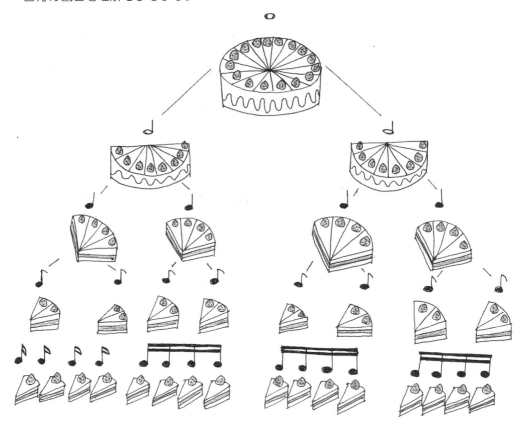

MEMO

第15講

小学校の生活と音楽

◆小学校の生活の中における音楽

　小学校音楽科では、幼稚園でどちらかというと「表現」に偏っていた内容が、「鑑賞」や「理解」に移っていくと言えます。とはいえ、低学年ではまだまだ「音楽を楽しむこと」が大切で、そのためにも、教師自身が音楽を関心・意欲をもって受けとめられるよう、教材研究を十分に行いましょう。

　学習内容としては「A　表現」「B　鑑賞」と大きく2つに分類され、「A　表現」の中に「歌唱」「器楽」「音楽づくり」が含まれています。「B　鑑賞」は単独ですが、表現者の対峙するところには、必ず理解する「鑑賞者」が必要であることは忘れてはいけないことです。これは、相手が友だちや教師などといった他者の場合もありますが、自分自身でもあります。つまり、自分の中にある気持ちを音楽にのせて外に出す（表現する）ことで、自分の気持ちが整理できたり、本当の気持ちを理解する糸口が見つけたりということが音楽をはじめとした芸術活動にはあり、鑑賞の能力を高めることは、自己や他者を理解する能力を高める意味を持っているのです。

　また小学校では必ず「評価基準」、そこにむけての学習目標の設定、それに準じた学習指導案の作成が要求されてきます。評価は、以下の4つの「目標」に準じて基準が設定されます。

（1）音楽への関心・意欲・態度
（2）音楽表現の創意工夫
（3）音楽表現の技能
（4）鑑賞の能力

　小学校低学年の段階では、楽しく歌い、演奏するということをしながら、友だちの出した音のしりとりや、イメージをあてあうなど、音楽や音を聴くことの楽しさや不思議さに触れるように支援していきましょう。同時に、音や音楽を伝えたり、記録したりするための記譜法も徐々に学べるよう、工夫が必要です。

◆選曲のポイント　（「さんぽ」、「おぼろづきよ」小学校第6学年共通教材）

　「さんぽ」は、日常的によく歌われるうたです。子どもたちが元気よく歩くテンポに合わせ、歩きながら歌うこともあるので、しっかり集中して歌うとなるとなかなか難曲です。一度は歩かずに、うただけを歌う機会をもつこともよいでしょう。

　「おぼろづきよ」は、日本の美しい春の情景を歌い込んだ、大切なうたです。最近では、「おぼろ」という言葉のもつニュアンスを理解しない生徒も多いので、語彙力を伸ばす一環としても「おぼろづきよ」のイメージがつかめるよう歌いたいものです。

今月のうた（幼児）

さんぽ

作詞　中川李枝子
作曲　久石　譲

解説「さんぽ」

　「となりのトトロ」で一躍人気となったうたの1つです。歌いながら目にする自然の風景を歌い込んである点で、子どもたちと環境とをイメージによって結びつけている重要な歌と言えます。
　歌詞にある情景が身近でない場合には、少し歌詞をアレンジしてみるのもいいかもしれませんね。子どもたちと楽しく歌いましょう。

今月のうた（小学校）

おぼろ月夜

作詞：高野辰之
作曲：岡野貞一

解説「おぼろ月夜」

　初出は1914年（大正3）『尋常小学唱歌　第六学年用』。日本の美しい情景が歌われているのと同時に、「みわたす」「（はるかぜ）そよふく」「においあわし」など、人間の五感をフルに活用して「菜の花畑」をイメージさせる内容となっています。「そよふく」というのは、肌に感じる風の優しいイメージであること、何のにおいが「あわし」なのか、用いられている語感を大切にしながら、言葉とイメージを結び付けていく授業内容としていくことが大切です。

　文部省唱歌は、作曲者や作詞者の明記がなく、特定が難しいものですが、作詞者の高野辰之は遺族からの申し出で特定ができています。歌詞に歌われている「菜の花畑」は、作詞者が少年だったころの原風景です。育った土地（長野県）では、菜種油を作るためにたくさんの菜の花が植えられていたということです。

今月のあそびうた

グーチョキパーでなにつくろう

外国曲
作詞　斎藤二三子

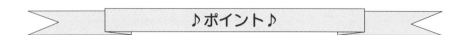

♪ポイント♪

　うさぎ、ちょうちょ、かたつむりの他にもいろいろなものが作れます。両手をグーにして上下に重ねて「雪だるま」、両手をパーにして前後に重ねて「かにさん」など、自由に考えてみましょう。

グー　　　　チョキ　　　　パーで

グー　　　　チョキ　　　　パーで　　　なにつくろう
　　　　　　　　　　　　　　　　　　なにつくろう

1. りょうてがチョキでかわいいうさぎ　　ぴょんぴょんぴょんぴょんぴょんぴょん

2. りょうてがパーできれいなちょうちょ　　ひらひらひらひらひらひら

3. みぎてがチョキで　　ひだりてグーで　　かたつむり　のーそのそ

今月の楽典
小学校でならう記号と音符

＊各学年の〔共通事項〕のイの「音符、休符、記号や音楽に関わる用語」については、児童の学習状況を考慮して、次に示すものを取り扱うこと。

（文部科学省『学習指導要領』より）

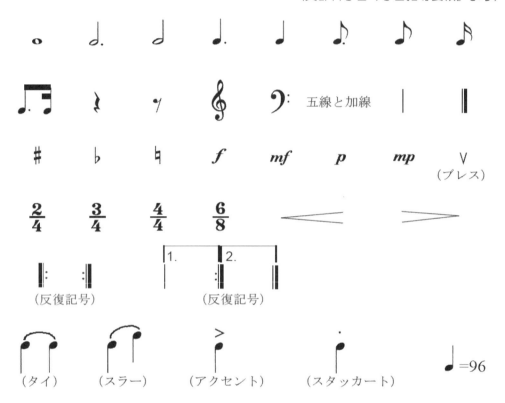

MEMO

『新幼稚園教育要領 H3004』より「表現」

＊平成 30 年 4 月より施行

表現
〔感じたことや考えたことを自分なりに表現することを通して，豊かな感性や表現する力を養い，創造性を豊かにする。〕

1　ねらい
　(1) いろいろなものの美しさなどに対する豊かな感性をもつ。
　(2) 感じたことや考えたことを自分なりに表現して楽しむ。
　(3) 生活の中でイメージを豊かにし，様々な表現を楽しむ。

2　内容
　(1) 生活の中で様々な音，形，色，手触り，動きなどに気付いたり，感じたりするなどして楽しむ。
　(2) 生活の中で美しいものや心を動かす出来事に触れ，イメージを豊かにする。
　(3) 様々な出来事の中で，感動したことを伝え合う楽しさを味わう。
　(4) 感じたこと，考えたことなどを音や動きなどで表現したり，自由にかいたり，つくったりなどする。
　(5) いろいろな素材に親しみ，工夫して遊ぶ。
　(6) 音楽に親しみ，歌を歌ったり，簡単なリズム楽器を使ったりなどする楽しさを味わう。
　(7) かいたり，つくったりすることを楽しみ，遊びに使ったり，飾ったりなどする。
　(8) 自分のイメージを動きや言葉などで表現したり，演じて遊んだりするなどの楽しさを味わう。

3　内容の取扱い
　上記の取扱いに当たっては，次の事項に留意する必要がある。
　(1) 豊かな感性は，身近な環境と十分に関わる中で美しいもの，優れたもの，心を動かす出来事などに出会い，そこから得た感動を他の幼児や教師と共有し，様々に表現することなどを通して養われるようにすること。その際，風の音や雨の音，身近にある草や花の形や色など自然の中にある音，形，色などに気付くようにすること。
　(2) 幼児の自己表現は素朴な形で行われることが多いので，教師はそのような表現を受容し，幼児自身の表現しようとする意欲を受け止めて，幼児が生活の中で幼児らしい様々な表現を楽しむことができるようにすること。
　(3) 生活経験や発達に応じ，自ら様々な表現を楽しみ，表現する意欲を十分に発揮させることができるように，遊具や用具などを整えたり，様々な素材や表現の仕方に親しんだり，他の幼児の表現に触れられるよう配慮したりし，表現する過程を大切にして自己表現を楽しめるように工夫すること。

〈第II部〉初等教育でよく扱う楽器

主な目次

- カスタネット　castanets　*100*
- トライアングル　triangle　*101*
- タンブリン　tambourine　*102*
- 鈴　ring-bell　*103*
- ウッドブロック　wood block　*104*
- 大太鼓　bass drum　*105*
- 小太鼓（スネアドラム）snare drum　*106*
- 木琴（シロフォン）xylophone　*107*
- 鉄琴　Glockenspiel　*108*
- シンバル　cymbals　*109*
- ハンドベル　handbell　*110*

カスタネット　castanets

【楽器の特徴／由来】
　カスタネットは、ゴムで綴じられた二枚の木片（またはプラスチック）を打ち合わせて鳴らす打楽器です。スペイン語で「栗の実」をあらわす「カスターニャ」が、カスタネットの語源といわれています。

【構え方】
　楽器の構え方については、まず、左手の中指または人差し指にゴム輪をかけて、カスタネットを手のひらで軽く包むようにして持ってください。そして手のひらを上に向けて右手で打ちます。手首の力を抜いてはずむような感じで打つと「タン」と歯切れのよい明るい音がします。

【奏法】
　指先で打つと小さな音、手のひらで打つと大きな音がします。また指先で連続して打てば、華やかな効果が得られます。このように奏法を工夫すれば、強弱や音色の違いを楽しむことができます。なお、フラメンコで使われるカスタネットは上で述べた奏法とは異なります。

【使い方】
　カスタネットはリズム楽器として使います。例えば、童謡「うみ」（第１学年共通教材）のような三拍子の曲では、強拍をタンブリンで、弱拍をカスタネットで打つなど、他の楽器と組み合わせるとより良いでしょう。幼児の場合、両手を上げたり下げたり身体を動かしながら打つと、身体感覚と合わせて音楽に親しむことができるでしょう。

【使用されている曲例】
　フラメンコなどスペインの民族的な舞踊や音楽の場面でこの楽器が活躍します。クラシックでは、チャイコフスキーのバレエ《白鳥の湖》の「スペインの踊り」やビゼーのオペラ《カルメン》の「カスタネット・ソング」などで使われており、この音色はスペイン音楽の、エキゾティシズム（異国趣味）を高める効果を持っています。

トライアングル　triangle

【楽器の特徴／由来】
　トライアングルは、金属棒を正三角形に曲げたもので、三つの角のうち一つは切れ、開いています。それ以外の一角にひもを付けて、打棒（ビータ）で叩いて鳴らします。ラテン語のtriangulum（三角形）が語源といわれています。

【構え方】
　左手人差し指をつりひもに通します。この時、楽器が回らないように中指と親指でひもを軽く挟み込むようにして持ちます。ひもが長すぎると楽器が回転し不安定になり、短すぎると指が楽器に触れて響きが失われてしまうため、適切な長さに調節してください。
　三角形のうち、切れた角が奏者から見て右側にくるように構えます。楽器を体から離しすぎると、楽器がゆれて打ちにくいので、胸の前あたりで持つとよいでしょう。
　打棒は比較的端の方を、右手親指と人差し指でつまむようにして持ちます。（写真：L'Allegra, 1779. マリア・アンナ・アンゲリカ・カタリーナ・カウフマン、Maria Anna Angelika/Angelica Katharina Kauffmann、英語よみ：アンジェリカ・カウフマン、1741～1807）

【奏法】
　打棒で三角形の底辺を打ってリズムを刻みます。右手首の力を抜くと、余韻の美しい、澄んだ音がします。打つ場所や打つ角度などによって音色や残響の長さが異なりますので、いろいろ試してみましょう。三角形の内角を成す二辺を打棒で細かく振って打つと、トレモロ（音を急速に反復させる奏法）になります。

【使い方】
　トライアングルは、高く澄んだ音色で合奏のリズム楽器として、シンプルな小編成（例えば木琴とトライアングル）から、カスタネットやタンブリンや大太鼓や小太鼓なども使う大編成まで幅広く応用できます。また、音楽に輝かしさ、華やか、きらめき、あるいは明晰さを添える効果を持っています。例えば、「きらきら星」などの夜空の星をイメージする曲や「おもちゃのチャチャチャ」のようにファンタジー溢れる曲に適しているでしょう。

【使用されている曲例】
　クラシックでは、ベートーヴェンの交響曲第9番の第4楽章の行進曲の部分で、シンバルや大太鼓とともにトライアングルが効果的に使われています。またフランツ・リストのピアノ協奏曲第1番の第3楽章にはトライアングルのソロがあります。

タンブリン　tambourine

【楽器の特徴／由来】
　タンブリンは、円形の木（またはプラスチック）の枠の片面に皮膜を張った小型の太鼓です。枠には数カ所、穴があり、シンバルのような形の丸く小さな金属板（ジングル）が2枚重ねて取り付けられています。様々な大きさがあり、幼児・初等音楽教育の現場では、直径15〜20cmのものが使いやすいでしょう。ジングルの代わりに鈴をつけたものや、革の張っていないモンキータンブリンもあります。

【構え方】
　革の張った鼓面を上に向け、左手親指を鼓面の縁におき、残りの指で木枠を握り込むようにして、しっかりとつかみます。ジングルの響きは水平に持つと短くなり、垂直に持つと余韻が長く残ります。ジングルのついた穴に指を入れると、安定が悪くなるだけでなく、指をケガすることもあるので注意しましょう。

【奏法】
　タンブリンには様々な奏法があります。一般的には右手の手のひら、指先などを使って鼓面を打ちます。手のひらで打つ場合は指を伸ばして揃え、指先で打つ場合は指先を軽く曲げて弾むように打ちます。いずれの場合も鼓面の中央部を打つと革本来の、乾いた良い音がします。
　その他には、鼓面の縁の近くを親指の腹でこすってトレモロのように細かくジングルを鳴らす、タンブリンを持った手首をねじるように小刻みに振るなどの奏法があります。タンブリンは、肘や膝や肩などでも打つこともできます。身体を動かしながらいろいろ試してみるとよいでしょう。

【使い方】
　タンブリンはリズム楽器として使います。例えば、「子犬のマーチ」や「ミッキーマウスマーチ」のように快活な行進曲の2拍子に合わせて打ってみましょう。より大きな編成の合奏として演奏する場合、木製のカスタネットや金属製のトライアングルなど異なる素材の楽器と組み合わせたり、タンブリンと同じ革を張った大太鼓や小太鼓と合わせたりするとよいでしょう。

【使用されている曲例】
　クラシックでは、ビゼーのオペラ《カルメン》や、ストラヴィンスキーのバレエ《春の祭典》などでタンブリンが活躍します。

鈴　ring-bell

【楽器の特徴／由来】
　鈴は、手首の太さほどのプラスチック製の輪に小さな鈴を複数付けた楽器です。「しゃんしゃん」と可愛らしい音色がする、子どもがとても喜ぶ楽器の一つです。日本では昔から鈴が玩具やお守りとして用いられますし、神楽舞では巫女が鈴を奏でます。今も昔も日本人は鈴に対して愛着を持っているのですね。

【構え方／奏法】
　二種類の奏法があります。一つは、左手で鈴を持ち、胸のあたりで構えます。鈴を持っている方の手の手首を、右手のこぶしで軽く打ちます。歯切れのよい音がするので、リズム打ちやリズムを強調する場合に適しています。手首のかわりに肘を打つとより弱い音になります。手首と肘の両方を使えば、巧みに強弱を付け分けることができます。
　もう一つの奏法は、左手で鈴をしっかり握って手首を上下左右に細かく「振る」トレモロです。手首で打つよりも柔らかく軽やかで、独特の音色で効果を目指す表現に適しています。
　他の楽器と違って鈴は、構えるときや置くときなどにも不意に音の出やすい楽器です。そのことを意識して楽器を静かに扱うように指導すると、子どもは音に対して繊細な耳をもつようになるでしょう。

【使い方】
　カスタネットやタンブリンなど他の打楽器と組み合わせてリズムを強調するときに使います。例えば「あわてんぼうのサンタクロース」や「虫の声」（第2学年共通教材）など、♪リンリンリン〜というそりの鈴の音や、♪チンチロ・チンチロ〜といった虫の声など自然界の様々な音をイメージさせる楽曲に用いると、鈴の音色が効果的に響きます。

【使用されている曲例】
　クラシックで鐘は、打楽器として使われています。例えば、ビゼーの戯曲≪アルルの女≫第1組曲や、パガニーニの≪ヴァイオリン協奏曲≫第2番の第3楽章「鐘のロンド」など。外山雄三の≪オーケストラのためのラプソディ≫の「信濃追分」の部分やマーラーの交響曲第4番第1楽章冒頭などでは特に、ファンタスティックな曲想を醸し出す効果を上げています。

ウッドブロック　wood block

【楽器の特徴／由来】

ウッドブロックは木製の打楽器で、「木鐘」とも呼ばれます。硬質の木材をくりぬいて内部を空洞にし、柄を取り付けたもので、丸型と角型の二種類があります。丸型の方は、左右でピッチ（音の高さ）が異なります。

【構え方／奏法】

手で持ち、打棒でたたいて音を出します。複数の丸型のウッドブロックを使って合奏する場合、右側が高音、左側が低音になるように持つ、というように構える向きを統一させるとよいでしょう。打つ位置についてはできるだけ左右の端を打ちましょう。そうするとよく響き、「カン・コン」と乾いて明るく、ユーモラスな音がします。打棒の代わりに小太鼓や木琴などの撥を使うと、音色が変わり、面白い効果を発揮できます。

【使い方】

歌や器楽の旋律に合わせてリズムを打ちます。例えば、「大きな古時計」のように時計の擬音としてウッドブロックを使うと、幼児が楽しく遊べるでしょう。金属でできたトライアングルや革でできたタンブリンなど違う素材のリズム楽器と合わせると、音の重なりの楽しさを感じとれる合奏になるでしょう。

【使用されている曲例】

もともとウッドブロックはジャズ演奏に使われていましたが、1920年以降、管弦楽でも使用され始めました。ルロイ・アンダースンの《シンコペイテッド・クロック》では、全体を通して陽気なウッドブロックの音が効果的に使われています。

大太鼓　bass drum

【楽器の特徴／由来】

大太鼓は、もともとトルコの軍楽隊で使われていたもので、1700年頃にヨーロッパに導入されました。胴の両面に革（現在は合成樹脂の膜）張り、フェルトの付いた大きく太い撥で打ち鳴らします。振動が身体に直接伝わる、迫力のある低音が特徴です。

【構え方／奏法】

準備段階では、太鼓の胴の周りについている複数のネジを対角線状に徐々に締めていくと、張りのあるよい音が出ます。締めすぎると響きが少なくなり、鋭い音になりますので、音色を吟味し、調整しましょう。

写真のように奏者は立って演奏します。また鼓面が上に向くよう少し傾けます。足を少し開いてしっかりと体の重心を支え、撥は右手で持ち、柄の先端からフェルトまでの距離の3分の1くらいの箇所に親指をのせ、残りの指で軽くにぎります。

太鼓は、鼓面の中心部を打ちます。大きな音を出す場合は、肘から全体を使って打ちます。楽器が揺れるので、左手で楽器の左枠を押さえると安定します。反対に小さな音や細かいリズムを刻む時には、手首のスナップをきかせて打ちます。鼓面が大きい分、残響も長いので、必要に応じて左手で響きを止めましょう。

強拍を打つ時は、撥を上から中心部に向かって斜めに打ちおろし、弱拍の時には下から中心部に向かって打ち上げます。皮に対して撥を直角に打つと、大太鼓の豊かな響きが損なわれてしまいますので注意が必要です。

【使い方】

大太鼓は、音が非常に大きく、他の楽器の音色に掻き消されることがないので、大編成の合奏でもリズムを強調して刻むことができる重要な楽器です。例えば「いろんな木の実」では、曲全体を通して、ターン・タ・タンと同じリズムを刻み、他の奏者たちにリズムを示す上で重要な役割を果たします。

【使用されている曲例】

クラシックでは、ハイドンの≪軍隊交響曲≫や、チャイコフスキーの祝祭序曲《1812年》やスーザの〈星条旗よ、永遠なれ〉などがあります。ベートーヴェンの交響曲第9番の第4楽章では行進曲の部分で大太鼓が効果的に使われています。

小太鼓（スネアドラム）　snare drum

【楽器の特徴／由来】

　小太鼓は、トルコの軍楽隊によって大太鼓やシンバルと共に1700年頃ヨーロッパに伝来しました。
膜面を上にして2本のばちで奏します。小太鼓はパレードやマーチング・バンドなどで欠かせない打楽器です。肩からベルトでつるし、行進しながら演奏する光景を目にしたことがあるでしょう。
　この楽器の特徴は、裏面にスネアと呼ばれる響線が張られていることです。スネアによってこの楽器特有の、ビリビリという歯切れのよい、魅力的な響きがもたらされるのです。

【構え方／奏法】
　準備段階では、革の張り具合を調節することが必要です。緩すぎると歯切れの悪い音になり、反対にきつすぎると響きの少ない乾いた音になるからです。
　ばちは、写真のように左右とも斜めに向き合わせ、柄の下から3分の1あたりを親指と人差し指でしっかりはさみます。他の指は軽く添えておきましょう。手首を軸にし、跳ね返りを利用して打ちます。そのため、両脇や手首の力を抜き、腕の自然な重みで撥が落ちるように打つことが大切です。くれぐれも鼓面を押さえつけるような打ち方にならないよう注意しましょう。そうすれば、小太鼓特有の、細かく装飾的なリズムを刻むことができます。

【使い方】
　リコーダーや鍵盤ハーモニカなどのメロディ楽器と合わせて使ってみましょう。例えば、ペレス・プラード作曲「マンボNo.5」のようにテンポが速い曲では、♪タ・タ・タ・タ・タンという8分音符と4分音符からなる快活なリズムを小太鼓で奏すと、子どもたちは思わず身体を動かしたくなるでしょう。

【使用されている曲例】
　ジャズやポピュラー音楽で使われることが多いですが、クラシックでも使用例が見られます。例えば、ロッシーニの歌劇《泥棒かささぎ》序曲では、小太鼓が音楽の幕開けを告げます。ラヴェルの《ボレロ》では、冒頭から終わりまで小太鼓がリズムを刻み続けます。

木琴（シロフォン） xylophone

【楽器の特徴／由来】

　木琴は、アフリカや東南アジアで発展した鍵盤打楽器です。19世紀頃中国から日本に伝わったと言われています。長さ、厚み、幅によって調律された木の音板を音階的に並べたもので、マレットというばち2本で叩いて鳴らします。ラテンアメリカで発展した「マリンバ」も木琴の一種です。

【構え方】

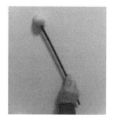

　足を開いて体を安定させて、楽器との間を少しあけて立ちます。幼児の場合、足台を使うなどして音板が腰の高さになるように調節します。マレットは、写真のように、柄の先端から3分の1あたりを人差し指と親指で持ち、残りの指で軽く添えます。手首を支点にして、打った瞬間にマレットが跳ね返るように打ちます。肘を大きく上下させないように指導しましょう。

【奏法】

　音板の中央部分を打つ最もよく響きます。音板の下側に共鳴管があるためです。基本的に2本のマレットを使います。主な奏法に、左右のマレットで素早く交互に打つ「トレモロ」と、鍵盤の上を軽くマレットですべらせて音を出す「グリッサンド」があります。

　上行のグリッサンドでは、右手で鍵盤をすべらせるように奏し、最終音は左手で打ちます。反対に、下行のグリッサンドは左手ですべらせるように奏し、右手で最終音を打ちます。

　打鍵する速度を遅くすれば音は弱くなり、速くすれば強い音がでます。これを応用すれば、クレッシェンドやディミヌエンドなど段階的に強弱を付けることもできます。マレットの頭部の素材は、ゴムやプラスチックなどの硬質材や糸まきや毛糸まきなどの軟質材が利用されます。これらのマレットを持ち替えれば、音色が変わり、音楽表現の幅がさらに広がるでしょう。

【使い方】

　木琴は、歯切れのよい音がする反面、音の持続が短いことが特徴です。そのためメロディの音を持続させたいときにトレモロを使うことがしばしばあります。また和音も奏すことができるので伴奏もできる便利な楽器です。

　例えば、ヨセフ・ウィンナー作曲「茶色の小びん」では、強拍（第1、3拍）をカスタネットやウッドブロックなどのリズム楽器で奏で、弱拍（第2、4拍）を木琴で奏でると、音色やリズムの表現に広がりが出るでしょう。

【使用されている曲例】

　サン・サーンスの《死の舞踏》で、骸骨の触れ合う恐ろしい響きをだすときに木琴を使ったのが、クラシックで初めての使用例だと言われています。

鉄琴　Glockenspiel

【楽器の特徴／由来】
　鉄琴は、金属製の音板を鍵盤上に並べ、2本のマレットで叩いて音を鳴らす打楽器です。オーケストラで使われる鉄琴をグロッケンシュピールと呼びます。マレットの頭部には硬質の小球がついています。

【構え方／奏法】
→木琴を参照のこと。

【使い方】
　実音は、記譜された音より2オクターヴ高いです。きらきらとした高い音が出るため、合奏のなかでもひときわ存在感の大きい楽器です。例えば「おもちゃのチャチャチャ」では、♪チャチャチャの部分だけを鉄琴で奏すと、音楽全体にきらめきや輝きを添えることができるでしょう。

【使用されている曲例】
　モーツァルトのオペラ≪魔笛≫では、魔法の鐘の音として、鍵盤のついたグロッケンシュピールピールが使われます。またリヒャルト・ワーグナーの楽劇≪ニュルンベルクのマイスタージンガー≫でもグロッケンシュピールの音が効果的に使われています。

シンバル　cymbal

【楽器の特徴／由来】

シンバルは、つばの広い帽子の形をした金属製の円盤２枚１組からなり、相互に打ち鳴らす打楽器です。大太鼓や小太鼓と共にトルコの軍楽隊からヨーロッパに広まりました。現在でもトルコには多くのシンバル製作会社があるそうです。迫力のある効果ゆえ、シンバルは、吹奏楽やジャズやロックなどさまざまな音楽で不可欠な楽器です。

【構え方／奏法】

標準的なシンバルの奏法は、２枚のシンバルを両手で打ち鳴らすものです。上から革バンドに手を通し、下からすくいあげるようにして、親指と人差し指で手革の根元をしっかり握ります。この持ち方であれば子どもたちでも腕全体でしっかりと支えることができるでしょう。

楽器を腹部の前にかまえ、腕全体ですり合わせるように打ちます。または左手の位置を固定し、右手が曲線を描くように打つと演奏しやすいでしょう。打った瞬間に力を抜いて、ずらすように離すことが大切です。

１枚のシンバルをマレット（ばち）で打つ奏法もあります。この場合、スタンドにシンバルを固定して小太鼓などのマレットで打ちます。円盤の中央と、縁の近くとでは音の響きが異なります。マレットの素材を変えると音色が変化するので、いろいろなマレットで試してみましょう。

【使い方】

シンバルは力強い音が出ますので、例えばエルガー作曲「威風堂々」の後半部分から２拍子のリズムをシンバルで奏でると、荘厳で祝祭的なイメージがより具体的に現れてくるでしょう。

【使用されている曲例】

ビゼーのオペラ『カルメン』第１幕への前奏曲や、スーザの『星条旗よ永遠なれ』では、シンバルが大活躍します。

ハンドベル　handbell

【楽器の特徴／由来】
　クリスマスの時季になると、教会や学校などで、ハンドベルの演奏が行われ、柔らかく、清らかな音色とハーモニーに耳を澄ませることができるでしょう。ハンドベルは、今から400年ほど前にイギリスで作られました。正式には「イングリッシュ・ハンドベル」と呼びます。もともと教会の鐘楼でベルを鳴らす人々が、部屋で練習できるように考案されたのが始まりと言われています。
　ハンドベルには、音程が異なる大小さまざまな大きさがあります。通常は2～6オクターブ、25～73個程度のハンドベルが一セットです。個々のベルには柄が付けられており、柄を振ると、ベルの内側にあるクラッパー（振り子）がベルの内壁に当たって音が出ます。

【構え方】
　一人の奏者が複数のベルを素早く持ち替えても、鳴らせる音の数は限られてしまうので、通常、8～15人程の人数での合奏になります。まず各々の奏者が担当する音を決めます。概ね1人で2～5つ程度の音を受け持ちます。写真上のように、アルファベットで書かれた音名（C、D、Eなど）が見えるよう、ベルをうつ伏せにし、テーブルなどに立てて置きます。演奏中は、テーブルから取り上げたり、置いたりする際に不要な音が鳴らないよう、柔らかな布を敷くようにします。

　両手にハンドベルを持ち、写真下のように、柄に親指を重ね合わせるように添わせ、残りの指で握ります。大人は小指以外の4本の指で、子どもは5本の指で握ります。

【奏法】
　音を出すときは勢いよくベルを前に突きだし、音が遠くまで飛ぶように弧を描くようベルを回します。この時ベルをあまり下に傾けないよう、留意しましょう。響きを止めるときはベルを胸に押さえつけます。
　他の奏法には、手首の力を抜いて、手を前後または左右に震わせるように、小刻みにベルを振り鳴らす「トレモロ」があります。また、ベルの部分を親指で押さえたまま、ベルを鳴らすと音が短くなり、「スタッカート」の効果を出すこともできます。

【使い方】

この楽器は合奏が必須ですから、楽曲を滑らかに、また味わい深く奏でるには、チームワークが大切です。練習を通して、みんなと息を合わせて演奏をするように指導しましょう。賛美歌やクリスマス・ソングをハンドベルで奏でると、まるで天使の歌声のように聞こえてきます。これらの作品以外にも、バッハのカンタータ「主よ、人の望みの喜びよ」や、ディズニーの音楽「星に願いを」など、子どもたちが好きな曲をハンドベル用にアレンジして演奏するのもよいでしょう。

鑑賞曲の解説

主な目次

解説Ⅰ　ルロイ・アンダソン　114

解説Ⅱ　ヨハン・シュトラウス親子とウィーンの音楽文化　114
　ヨハン・シュトラウス一世《ラデツキー行進曲》　115
　ヨーゼフ・シュトラウス《鍛冶屋のポルカ》　115
　スッペ《軽騎兵》序曲　115
コダーイ組曲《ハーリ・ヤーノシュ》より「ウィーンの音楽時計」　116

解説Ⅲ　トルコとウィーン　116
　《ジェッディン・デデン》　117
　モーツァルト《トルコ行進曲》　117
　ベートーヴェン《トルコ行進曲》　117

解説Ⅳ　ロシアとソビエト連邦の芸術音楽　118
　ピョートル・チャイコフスキー《くるみ割り人形》より「行進曲」　118
　セルゲイ・プロコーフィエフ《冬のかがり火》より「出発」　119
　アラム・ハチャトゥリャン（1903-78）《仮面舞踏会》より「ワルツ」　119
ドミトリー・カバレフスキー（1904-87）《道化師》より「道化師のギャロップ」　119

解説Ⅴ　その他　119
　ショパンの《ノクターン》第2番　119
　カミーユ・サン＝サーンス《組曲　動物の謝肉祭》より第5番「象」　120

解説Ⅰ　ルロイ・アンダソン

　スウェーデン移民の両親をもつルロイ・アンダソン Leroy Anderson（1908-1975）は、アメリカを代表する作曲家です。ハーバード大学で楽理、対位法、和声、作曲を、ニューイングランド音楽院でピアノとコントラバスを学び、修士号を取得ました。その後、ハーバード大学で言語学研究員となり、ゲルマン語、スカンジナビア諸語の研究で博士号を取得し、言語学者として語学の研究に励んでいました。

　ハーバード大学の学生歌を編曲した《ハーバード・ファンタジー》がボストン・ポップス・オーケストラの音楽監督の目に留まり、これをきっかけに作曲者としての活動が始まりました。1938年、最初の作品《ジャズ・ピチカート》が同オーケストラによって初演されました。1942年米軍に入隊し、第二次世界大戦中は、スカンジナビア語担当の情報将校を務めましたが、戦争が終わると音楽活動に復帰し、次々とヒット作品を書いて、一躍アメリカを代表するポピュラー音楽の作曲家となりました。

　アンダソンは、日常生活で聞こえてくる音を楽器で模倣することを得意としていました。例えば、猫の鳴き声をヴァイオリンのグリッサンドで表現したオーケストラ作品《おどるこねこ》（1950年）や、ウッドスブロックで時計の秒針の音を模倣したオーケストラ作品《シンコペーテッド・クロック》（1946年）などがあります。

　《おどるこねこ》では、曲の終わりの部分で、犬の叫び声が挿入されるサプライズがあります。《シンコペーテッド・クロック》では、本来、正確に時を刻むはずの時計のリズムが時折、シンコペーション（タ・ター・タ）というリズムによって乱れる面白さがあります。また、《タイプライター》（1950年）という曲は、タイプライターを打つ音そのものを楽音として使ったユーモアのあふれる作品です。

解説Ⅱ　ヨハン・シュトラウス親子とウィーンの音楽文化

　カーニバル（カトリックにおいて四旬節の前に行われるお祭り）の時節になると、今でもウィーンではあちこちで舞踏会が開かれます。最も有名なのは、ウィーン国立歌劇場で行われるヴィーナー・オーパンバルです。「会議は踊るされど進まず」と評されたウィーン会議の時期も、ウィーンの人々は、ダンスに熱狂していました。ビーダーマイヤーの時代（ウィーン会議が終了した1815年からメッテルニヒが追放された1848年まで）、作曲家でヴァイオリニストのヨーゼフ・ランナー（1801-43）とヨハン・シュトラウス一世（1804-1849）は、共にウィーンのダンス音楽の発展に貢献しました。

　45歳の若さで急逝したヨハン・シュトラウス一世の後、「ワルツ王」の座を継いだのは、長

男のヨハン・シュトラウス二世（1825-1899）でした。彼は、《美しき青きドナウ》を含む自作のワルツを国内外で演奏することによって「ウィンナー・ワルツ」を世界に知らしめることに成功しました。ヨハン・シュトラウス一世の次男ヨーゼフ（1827-1870）はもともと建築を学びましたが、父や兄と同じように、作曲家、指揮者として活躍しました。

19世紀後半からウィーンでは、フランスで活躍した作曲家オッフェンバックのオペレッタの人気が高まりました。オペレッタとは、オペラよりも題材が庶民的で、時代の世相を反映させた音楽劇です。フランツ・フォン・スッペ（1819-95）とヨハン・シュトラウス二世が中心になってオペレッタ作品を創作し、、ウィーンは、20世紀前半にかけてオペレッタの黄金時代となりました。特にヨハン・シュトラウス二世の《こうもり》は、現在でも世界各地で上演され続けています。

ウィーンと関係が深い作曲家にベラ・バルトーク（1881-1945）とゾルターン・コダーイ（1882-1967）がいます。二人ともハンガリー出身で、共に自国の民謡を収集し、研究をした点が共通しています。1867年のアウスグライヒ（妥協）以来、オーストリア＝ハンガリー二重帝国が成立し、ハンガリーは、実質的にハプスブルク帝国の支配下に置かれました。バルトークとコダーイは、音楽的なナショナリズム、つまり真のハンガリー国民音楽を創造するために民謡の収集と研究が必要と考えたのでした。

――鑑賞曲――
ヨハン・シュトラウス一世《ラデツキー行進曲》

ワルツ、ギャロップ、ポルカなど250曲を超えるヨハン・シュトラウス一世の作品のなかで最も有名な作品の一つです。ラデツキーとは、上イタリアのオーストリア陸軍司令官ラデツキー伯爵（1766-1858）のことです。1848年、オーストリア軍がイタリアでの戦いに勝利したことを祝う戦勝祝賀会で、伯爵に敬意を表するために作曲されました。ウィーン楽友協会で開催されるウィーン・フィルハーモニーのニューイヤー・コンサートでは、演奏会の締めくくりとして観客の手拍子と共に演奏されるのが恒例になっています。

ヨーゼフ・シュトラウス《鍛冶屋のポルカ》

ウィーンのある金庫メーカーから舞踏会で踊る曲として依嘱された作品です。金庫を作る鍛冶職人に敬意を払い、オーケストラの楽器に打楽器としてハンマーと金床（かなとこ）を加えたという一風変わった作品です。「フランス風ポルカ」という名前でも知られています。ポルカとは、ボヘミアに起源をもつダンスで、4分の2拍子のテンポの速いダンスで、特徴的なリズムを持っています。

スッペ《軽騎兵》序曲

ダルマチア王国のスパラート（現ユーゴスラヴィアのシュプリット）に生まれたスッペは、

オッフェンバックの《堤灯結婚》や《天国と地獄》を観てオペレッタに魅了され、1860 年に《寄宿学校》というオペレッタを作曲しました。スッペは、ウィーンのオペレッタ文化の創始に深く関わった作曲家であるであることから、「ウィンナー・オペレッタの父」と呼ばれています。《軽騎兵》は 2 幕からなるオペレッタですが、現在は、序曲のみが独立して演奏されることが多いです。冒頭に演奏されるトランペットによるファンファーレが印象的な作品です。

コダーイ　組曲《ハーリ・ヤーノシュ》より「ウィーンの音楽時計」

　ナポレオン時代のウィーンを舞台にしたハンガリーの伝説的な英雄ハーリ・ヤーノシュの冒険譚です。もともと五幕からなるジングシュピール（喜劇的な要素の強い歌劇）として作られましたが、後にコダーイ自身によって後に 6 曲セットの組曲にまとめられました。「ウィーンの音楽時計」は《ハーリ・ヤーノシュ》の第 2 曲目で、カリヨンやチャイムやチェレスタなどが使われる可愛らしい音楽です。音楽時計とは、機械仕掛けで音楽が鳴る装置のことでヨーロッパでは 17 世紀頃から伝統的に作られてきました。第 3 曲目「歌」にはコダーイが収集したハンガリーの民謡が使用されています。

解説Ⅲ　トルコとウィーン

　トルコには、メフテル（Mehter）と呼ばれる伝統的な音楽があります。これは、もともと軍隊の士気を高め、全体を統率する目的でオスマン帝国時代に演奏された軍楽です。管楽器と打楽器と歌によって編成されており、指揮者は、クレセント（三日月の飾りがついた棒で、鈴や鐘がついている）という大きな打楽器を上下に振って拍子をとります。
　管楽器には、ズルナ（ダブル・リードの木管楽器）とボル（ピストンのないトランペットの形をした金管楽器）、打楽器には、ナッカレ（鍋型の太鼓）、ダウル（両面太鼓）、ケス（ティンパニ）、ジル（シンバル）が使われています。
　オスマントルコ軍は、大砲や火縄銃などの武器と共に、これらの珍しい楽器の大きな音によってヨーロッパ人を威嚇してきました。特にハプスブルク帝国では、1529 年の第一次ウィーン包囲、1668 年の対トルコ戦争、1683 年の第二次ウィーン包囲など、オスマントルコ軍の脅威に晒されてきたことは言うまでもありません。その一方で、トルコの軍楽は、ヨーロッパ人にとって目新しく、18 世紀頃からイギリスなどで導入され始め、次第に作曲家もトルコ風の音楽や楽器を自作の作品にとりいれるようになりました。例えば、モーツァルト（1756-91）のオペラ《後宮からの誘拐》、ピアノソナタ KV331 の第 3 楽章「トルコ行進曲」、ヴァイオリン協奏曲第 5 番 KV219「トルコ風」や、ベートーヴェン（1770-1827）の劇付随音楽《アテネの廃墟》などが挙げられます。また、パリで活躍したベルリオーズ（1803-69）の「葬送と勝利の大交響曲」op.15 のようにトルコの楽器クレセントが指定されている作品もあります。

ヨーロッパにおけるトルコ音楽の流行は、楽器製作にも影響を及ぼしました。19世紀前半にウィーンで作られたフォルテピアノには、ヤニチャーレン・ペダル（トルコ風ペダル）と呼ばれる装置がついています。これは、楽器の内部に太鼓やシンバルや鐘が備え付けられていて、ペダルを踏むと、太鼓が「ドンッ」、鐘が「チン」と鳴るもので、音楽愛好家たちの間で人気のペダルでした。

　また、古くからウィーンはカフェ文化としても有名で、今でも町にはおしゃれなカフェが立ち並んでいますが、実は、コーヒー豆も、ウィーン包囲の時に攻めてきたトルコ軍の置き土産なのです。

──鑑賞曲──
《ジェッディン・デデン》

　邦訳で「祖父も、父も」というタイトルをもつこの曲は代表的なメフテルの作品で、現在トルコでは観光用に演奏されています。作曲は、イスマイル・ハック・ベイ（1865-1927）。日本では、NHKのドラマ『阿修羅のごとく』（向田邦子脚本）の主題歌で使われて有名になりました。

モーツァルト《トルコ行進曲》

　ピアノソナタKV331の第三楽章「トルコ風 Alla Turca」は、4分の2拍子で書かれた行進曲です。全曲を通して1拍目に付けられた前打音は、トルコの軍楽隊の迫力あるビートを刻んでいるように聞こえます。この装飾音の演奏法をめぐっては近年いろいろな考えがあります。モーツァルトの時代にはまだヤニチャーレン・ペダルのついたピアノは作られていませんでしたが、近年では、19世紀前半のウィーン製フォルテピアノのヤニチャーレン・ペダルを使って「トルコ行進曲」が演奏されることもあります。

ベートーヴェン《トルコ行進曲》

　劇付随音楽《アテネの廃墟》のなかの一曲ですが、現在はピアノ曲としてよく知られています。モーツァルトの「トルコ行進曲」と同じように4分の2拍子で書かれ、1拍目が装飾音によって強調されていますが、モーツァルトの「トルコ行進曲」よりも明るく、愛らしい性格をもっています。台本は、アウクスト・フォン・コツェダー（1761-1819）によるもので、1811年ペスト（現ブタペスト市ペスト地区）に新設された劇場のこけら落としのために作られました。

解説Ⅳ　ロシアとソビエト連邦の芸術音楽

　19世紀半ばまでロシアの貴族社会では、イタリア・オペラを初めとする西欧の音楽が文化の中心を担っていました。一流の歌手や奏者をヨーロッパから招くことが富と権力の象徴とみなされていたからです。それに対して、自国の音楽家は地位が低く、専門的な音楽教育を受けることすら出来ずにいました。

　この状況を打破すべく奮闘したのが、ピアニストのアントン・ルービンシュタイン（1829-94）でした。彼はベルリンで音楽を学び帰国した時、西欧とロシアにおける音楽家の社会的地位の違いに愕然としました。そこでまず彼は、自国で優れた人材を育成する目的で「ロシア音楽協会」を立ち上げ、1862年にサンクト・ペテルブルク音楽院を創立しました。ピョートル・チャイコフスキー（1840-1893）はこの音楽院の一期生でした。

　次に、ミハイル・グリンカ（1804-57）は、ロシア民謡を西洋の様式にとりいれたオペラを書き、「ロシア音楽」の父とも呼ばれています。グリンカが開拓した西欧の芸術音楽とロシア民謡の融合は、ボロディン（1833-87）、キュイ（1835-1918）、バラキレフ（1837-1919）、ムソルグスキー（1839-81）、リムスキー＝コルサコフ（1844-1908）の「ロシア五人組」と呼ばれる音楽家に受け継がれました。やがて《火の鳥》や《春の祭典》の作曲者で知られるストラヴィンスキー（1882-1971）や、神秘主義を追究したスクリャービン（1872-1915）など前衛的な作曲家たちの活躍によって、ロシアの芸術音楽は、ヨーロッパの音楽界から注目されるようになりました。

　しかしながら、1917年のロシア革命の勃発によって、上記の状況は一転します。教育人民委員音楽部門によってすべての芸術が国家の支配下に置かれ、1930年代にソ連共産党中央委員会において「社会主義的リアリズム」の表現方針が提唱されると、社会主義の精神に沿うような音楽、万人に理解されるような、直接的でわかりやすい音楽が求められました。反対に、実験的で、反民主傾向にある作品は、「形式主義」として、党の代表者であるアンドレイ・ジダーノフによって厳しく批判されました。そのため、ストラヴィンスキー、ラフマニノフ（1873-1943）、プロコーフィエフ（1891-1953）のように、国外に移住する芸術家が後を絶ちませんでした。プロコーフィエフは、日本（東京、横浜、大阪、京都、奈良、軽井沢、箱根など）を経由して一時アメリカへ移住しましたが、思うほどの成功を得ることができず、再び祖国に戻って作曲を続けました。

――鑑賞曲――
ピョートル・チャイコフスキー《くるみ割り人形》より「行進曲」

　ドイツ・ロマン主義の作家 E.T.A. ホフマンの小説を原作とするバレエで、クリスマスのパーティで始まるおとぎ話です。少女クララは、ネズミとくるみ割り人形が闘う夢のなかで、くる

み割り人形を助けると、人形が王子に変身して、お礼としてお菓子の王国へ連れて行くという一風変わったお話です。「行進曲」は、第1幕にクリスマスツリーの前で子どもたちがプレゼントを受け取る場面で使用される楽曲です。冒頭の付点リズムの主題はプレゼントを楽しみに駆けまわる子どもたちの喜びを表しているようです。

セルゲイ・プロコーフィエフ《冬のかがり火》より「出発」

モスクワ放送の子ども向けのラジオ番組のために書かれた作品で、朗読、児童合唱、管弦楽から構成されています。朗読には、プロコーフィエフと同時代のサムイール・ヤーコヴレヴィチ・マルシャーク（1887-1964）の詩が用いられています。《冬のかがり火》は、少年たちが冬休みに鉄道に乗ってモスクワ郊外に出かけ、橇に乗ったり、キャンプ・ファイアーをしたりして遊ぶ様子を音楽で描いたものです。第1曲「出発」は、遠足の始まりを描いたもので、プラットフォームで自分たちの乗る列車を見つけたときの喜びや、窓から見える銀世界の様子が描かれています。

アラム・ハチャトゥリャン（1903-78）《仮面舞踏会》より「ワルツ」

ロシアの詩人ミハイル・レールモントフ（1814-41）の戯曲『仮面舞踏会』を題材にした劇音楽です。ロシア帝政末期の貴族社会を描いたもので、嫉妬に狂った夫が妻を毒殺する悲劇のお話です。後に作曲者自身によって管弦楽組曲に編曲されました。第1曲「ワルツ」は、物語の悲劇性を暗示するかのような劇的な音楽です。フィギュアスケート選手の浅田真央さんが2009年世界選手権のフリー演技で使用した曲としても有名になりました。

ドミトリー・カバレフスキー（1904-87）《道化師》より「道化師のギャロップ」

1938年、M.ダニエルの児童劇「発明家と喜劇役者たち」のために作曲され、同年、モスクワの中央児童劇場で初演されました。翌年、この中から10曲を選んで組曲《道化師》として発表しました。ギャロップとは、19世紀半ばに流行したダンスで、男女がペアになって円を描いて踊る、4分の2拍子のかなりテンポ速い踊りです。「道化師のギャロップ」も、プレスト、4分の2拍子で書かれており、非常に速い曲です。運動会の時によく聞かれますね。

解説V　その他の鑑賞曲

ショパンの《ノクターン》第2番

19世紀を代表するポーランドの作曲家フレデリック・ショパン（1810-1849）は、時代

に翻弄された作曲家の一人です。ワルシャワ音楽院を卒業し、ワルシャワとウィーンでデビューを果たした後、20歳の時にパリに向かいました。その途中、シュトゥットガルトでワルシャワ蜂起（1830年11月に起きたポーランドの反乱）の失敗を知りました。祖国への思いを生涯持ち続けましたが、一度も郷土に帰ることは叶いませんでした。

　ピアノのための「ノクターン」は、夜想曲とも呼ばれるジャンルで、分散和音による左手の伴奏にのせて、右手で抒情的な旋律を奏でるという様式を持っています。ジョン・フィールド（1782-1837）という作曲家が最初にノクターンというジャンルを創始しました。ショパンのノクターンも様式的にはフィールドのノクターンを手本にしていますが、装飾音のつけ方や、その奏法においては、むしろイタリア・オペラの歌手によるベル・カント唱法（なめらかに歌う歌唱法）の影響が見られます。

　鑑賞曲の《ノクターン》第2番は、パリで知り合ったピアノ製造者カミーユ・プレイエルの夫人に献呈されています。ショパンは、プレイエル社のピアノの独特の響きとタッチをこよなく愛していました。ショパンの時代のピアノは、「シングル・エスケープメント・アクション」という現代のピアノよりもシンプルな打弦機構をもち、さらにダンパーによる弦の抑えが弱いため、指を鍵盤から離した後も残響が長く残ります。パリ時代の彼のピアノ作品のほとんどがプレイエルのピアノで作曲され、演奏された、といっても過言ではないでしょう。

カミーユ・サン＝サーンス（1835-1921）《組曲　動物の謝肉祭》より第5番「象」

　サン＝サーンスは、13歳でパリ音楽院に入学し、オルガンと作曲を学び、卒業後は、マドレーヌ教会のオルガニストとして活躍しました。フランス音楽の発展のために、1871年、ガブリエル・フォーレらと共に国民音楽協会を設立しました。代表的な作品に、オペラ《サムソンとデリラ》や交響詩《死の舞踏》などがあります。

　《謝肉祭》は、全14曲からなるピアノ二台を含む室内楽作品です。終曲（フィナーレ）を除くすべての曲に動物のタイトルがついています。例えば、第1番「序奏と獅子王の行進」ではライオンが大草原を練り歩く様子、第9番「カッコウ」では森のなかにさえわたるカッコウの声が音によって描かれています。唯一、人間が登場する第11番「ピアニスト」は機械的に指を動かす練習風で、自由に生きる野生動物に対して、人間はなんと堅物で不自由な生き物であるかという風刺の意味が込められたような作品です。鑑賞曲の「象」は、ピアノによる3拍子の序奏に続いて、コントラバスのソロがワルツを踊る象を描いています。鑑賞する前に何の動物かを説明をしないで聞かせると、子どもの想像力をよりかきたてるかもしれません。

解説「童謡について」

主な目次

1. 《あわて床屋》 122
2. 《シャボン玉》 123
3. 《どこかで春が》 123
4. 《あめふり》 124
5. 《やぎさんゆうびん》 124
6. 《七つの子》 125
7. 《証城寺の狸囃子》 125
8. 《赤い帽子白い帽子》 126
9. 《赤とんぼ》 126
10. 《たき火》 127

参考文献　127

「童謡」とは、広義には、子どもがうたう歌のことで、ここにはわらべ歌も含まれますが、狭義には、大正中期に始まった、子どものための童謡運動において創作された歌のことをいいます。本書では童謡を後者の意味で使っています。

この運動の先駆けとなったのは、大正7年（1918）、鈴木三重吉が創刊した『赤い鳥』です。鈴木は、当時、小学校教育で歌われていた歌、すなわち明治から大正初期にかけて文部省で選定された「唱歌」や流行していた歌のあり方に異を唱えました。なぜなら、これらの歌の大半は、文語文で書かれ、子どもの情緒を育てるというより教訓的な内容や知識を教える真面目なものだったからです。鈴木は、このような歌を芸術的に低級とみなし、子どものためにより芸術的に価値の高い童謡を創作することを目的として、『赤い鳥』を創刊したのでした。

唱歌とは異なり、「童謡」は、口語文で書かれていることが多く、子どもにとって身近な情景や、生き生きとした詩情が題材に選ばれています。音楽的にも、日本的な音階（ヨナ抜き音階や都節など）が使われ、以下にみるように、日本語の語調と旋律が密接に関わり合うようになりました。

『赤い鳥』（大正7年創刊）に続き、大正中期から昭和初期にかけて、『金の船』（大正8年創刊、大正11年に『金の星』に改名）、『コドモノクニ』（大正11年創刊）など多くの児童雑誌が作られ、童謡が発表されました。国文学者、金田一春彦（1913-2004）は、自著『童謡・唱歌の世界』（講談社学術文庫、2015年）のなかで、童謡について、大正中期に当代一流の詩人と音楽家とが協同して子どものために作った「世界に誇るべき文化財」と評しています。

1 《あわて床屋》

北原白秋（1885-1942）作詞と山田耕筰（1886-1965）作曲による《あわて床屋》は、大正12年（1923）『赤い鳥』で発表されました。

白秋は、熊本県玉名軍（現・南関市）出身の詩人で、『赤い鳥』創刊の時から一貫して童謡を担当し、新作の発表の他、応募作品の選定など行っていました。『赤い鳥』に発表された白秋の童謡は368篇にのぼります。

山田耕筰は、東京市本郷（現・東京都文京区）に生まれ、父は医師でキリスト教伝道師でしたが、耕筰が9才の時に死別しています。東京音楽学校では声楽とチェロを学び、作曲家の本居長世と同年配でした。『赤い鳥』では、昭和3年7月号から昭和6年9月号まで続けて童謡を発表しました（『赤い鳥』が休刊した昭和4年から昭和5年12月までを除く）。北原白秋と山田耕筰のペアで作られた童謡は「あわて床屋」の他、「酢模の咲くころ」「ペチカ」「待ちぼうけ」などがあります。

歌詞は1番から6番まであり、床屋のカニと客の兎の間のやりとりが面白おかしく描かれています。白秋による「あわて床屋」は、最初に石川養拙によって付曲され、大正8年に帝国劇場で開かれた第一回『赤い鳥』音楽会で披露されました。山田耕筰は、ドレミソラのヨナ抜き音階（ここでは第四音と第七音を省いた長音階）で作曲しています。第2〜7小節までは、母音を長く伸ばしたり、タイで小節間をつなげて流れるように歌われるのに対して、第8小節目の「ちょっきん ちょっきん ちょっきんな」の促音を含む擬音語には、8分音符にスタッカートがついて短く切って歌います。レガートとスタッカートのコントラストをはっきり意識して歌うとこの曲の魅力がより明確になるでしょう。

2 《シャボン玉》

　野口雨情作詞の《シャボン玉》は、大正11年（1922）に、仏教児童雑誌『金の塔』に発表され、翌年、中山晋平によって付曲されました。野口は、茨城県多賀郡（現・北茨城市）出身で、本名を英吉といいます。大正9年（1920）にキンノツノ社に入社し、童謡の創作、講演、朗読などの活動を通して、『金の船』『金の星』の編集や宣伝を積極的に行いました。『金の船』は、斎藤佐次郎の編集のもとで、大正8年11月にキンノツノ社から創刊され、『赤い鳥』に続いて児童文学の興隆に寄与した児童雑誌です（大正22年『金の星』に改名）。

　第2番の「しゃぼんだま きえた とばずに きえた」という歌詞は、夭逝した子どもへの鎮魂であるという説もあります。旋律は、ミ♭ファソシ♭ドの5音のみで旋律が作られており、日本的な「ヨナ抜き音階」が使われています。「しゃぼんだま とんだ」には上行形の旋律ですが、「こわれて きえた」には、下行する旋律が付けられています。シャボン玉が空に向かって飛ぶ様子、そして空中で消えて残念がる気持ちと重ね合わせて歌ってみましょう。4分の2拍子で各節は、すべて7つの音からできていますが、最後の拍の8分休符もしっかり感じて歌いましょう。

3 《どこかで春が》

　百田宗治（1893-1955）作詞、草川信（1893-1948）作曲による《どこかで春が》は、大正12年（1923）に雑誌『小学男生』で発表されました。百田は大阪府出身の詩人で、生活綴方運動（子どもが自分の見たことや考えたことを事実に即して自分の言葉で表現できるための指導を普及させる運動のこと）に積極的に関わりました。草川は長野市県町出身で、大正10年から14年の間、主に『赤い鳥』で《夕焼け小焼け》など作曲を担当して、童謡運動に参加しました。

　「どこかで春が」では、長い冬を終え、もうすぐ春がやってくる予感が三節の詩に描かれています。実は、三番の歌詞には、現在二つのバージョンがあります。一つは「そよかぜ吹いて」です。（例えば『心に響く童謡・唱歌 世代をつなぐメッセージ』、2000年出版）もう一つは、「東風吹いて」です。（例えば、『日本歌謡集』、1983年出版）東風とは、春に東から吹く風のことで（春一番もそれに含まれる）、春を告げる風として、古来雅語として取り入れられてきました。現在では「そよかぜ」と歌われることが多いようですが、おそらく百田の原詩では「東風」だったことでしょう。「東風」は文語で、現代ではあまり使われない言葉ですが、「そよかぜ」よりも、季節感がはっきりとしています。本書では、「そよかぜ」「東風」それぞれに音をあてた楽譜を掲載しています。

　《どこかで春が》では、「生まれてる」「流れ出す」など文章を締めくくる語を長く伸ばすなど、日本語の語感に合わせて、4分の4拍子と4分の2拍子を組み合わせて作曲しています。また三番の歌詞だけ異なる旋律をつけるなど、細部に工夫が凝らされているところにも注意を払って歌いましょう。

4 《あめふり》

　北原白秋作詞、中山晋平作曲による「あめふり」は、大正14年（1925）に児童雑誌『コドモノクニ』11月号で発表されました。この雑誌は、東京社（現・ハートス婦人画報社）から大正11年（1922）1月に創刊され、昭和19年（1944）まで刊行された幼児向けの絵雑誌です。

　創刊当時の日本は、大正デモクラシーの思潮に沿って、子どもの個性を大切にしようという気運が高まりつつありました。『コドモノクニ』の編集者も、「芸術は人間として理想の生き方につながる」という理念に基づいて、子どものために自由な芸術表現を求めました。童画家岡本帰一（1888-1930）が絵画部門の主任を務め、童謡部門の顧問を野口雨情、音楽部門の顧問を中山晋平が担当していました。

　北原と中山のコンビによって生まれた《あめふり》は、『コドモノクニ』のなかでも特に愛唱される代表的な童謡となりました。歌詞にでてくる「蛇の目」とは、竹と和紙でできた「蛇の目傘」のことで、上からみた模様が蛇の目のようなのでこの名が付いたそうです。時代劇や歌舞伎などで見かけたことがあるかもしれません。

　中山は、ドレミソラの5音を使ってこの曲を書きました。「ピッチピッチ チャップチャップ ランランラン」の部分は、言葉のリズム、そして長靴をはいた子どもたちが水たまりの上を飛び跳ねている様子が、付点音符の音型によって表されています。

5 《やぎさんゆうびん》

　まど・みちお（1909-2014）作詞、團伊玖磨（1924-2001）作曲による《やぎさんゆうびん》は、1937年（昭和12）にまどが水上不二らと創刊した同人雑誌「昆虫列車」に掲載されました。まどは、山口県都濃郡徳山町（現・周南市）出身の詩人で、本名は石田道雄。1919年、台湾にわたり、台北州立台北工業学校に入学しました。1943年（昭和18）台湾で召集され船舶工兵隊に入隊し終戦を迎えた後、日本に戻り、1948年に婦人画報社に入社して、『チャイルドブック』創刊の編集を手掛けながら、自作の詩をNHKラジオなどで発表しました。

　作曲家の團伊玖磨（1924-2001）は、山田耕筰の影響を受け、日本語によるオペラや交響曲の創作に力を注いだ作曲家です。代表作品に《夕鶴》があります。一方で子どものための歌曲も作曲しており、《やぎさんゆうびん》の他、《ぞうさん》も、まどの詩に付けた童謡です。

　《やぎさんゆうびん》の内容は、白やぎから届いた手紙を黒やぎが食べてしまったので、内容を聞くために黒やぎが手紙を書くが、白やぎはそれを読まずに食べてしまったので、内容を聞くために白やぎが手紙を書く……という論理的には終わりのないユーモア溢れたお話です。この詞につけた團の音楽もまた繰り返しによって何度でもリピートできるように作られており、子どもの想像力を膨らませながら楽しく歌うことができるでしょう。

6 《七つの子》

　野口雨情作詞、本居長世（1885-1945）作曲による《七つの子》は、大正10年（1921年）に『金の船』7月号に発表されました。

　本居長世は、東京府譜下谷区（現・台東区）出身の詩人で、生後一カ月で母と死別し、祖父で国学者の本居豊穎に育てられました。大正9年3月から『金の船』のレギュラーメンバーとして作曲を担当し、野口雨情の詩に多く付曲しました。代表作品には、《十五夜お月さん》や《青い目の人形》などがあります。

　烏といえば、黒くて少し怖い印象をもっているお子さんもいるかもしれませんが、雨情は、烏の鳴き声を「可愛い 可愛い」と聞きとったり、「まるい目をした いいこだよ」と表現したりしています。子どもたちは《七つの子》を通して、生き物に対する温かい心や愛情を育てるきっかけになるでしょう。前半は長調で書かれていますが、後半の「かわい かわいと からすは なくの」の部分は、短調に転調しています。このような微細な変化を感じとって歌うと、表現力がずっと広がるでしょう。

　なお、「かわいい七つの子があるからよ」の「七つの子」の解釈をめぐっては、「七歳の子ども」とも、「七羽の子」とも、あるいは「七つ」は「多い」という意味で子が山でたくさん待っていると捉えるなどの鷹揚さがみられます。

7 《証城寺の狸囃子》

　野口雨情作詞による《証城寺の狸囃子》は、大正13年（1924）に『金の船』に発表され、翌年、中山晋平が付曲しました。

　野口雨情は、大正11年6月号から昭和4年1月号まで毎月、『金の船』＝『金の星』に新作を発表しました。その数は147篇にのぼり、「青い目の人形」「あの町この町」「証城寺の狸囃子」「十五夜お月さん」などの名作が含まれています。野口の童謡は、北原白秋等『赤い鳥』に寄稿した詩人の作品に比べて民謡的な性格が強い童謡が多いと言われています。雨情の詩に付曲した作曲家には、本居長世、中山晋平らがいます。

　証城寺は、千葉県木更津市の證誠寺のことで、深夜になると聞こえてくる笛や太鼓の音の狸囃子伝説が詩の着想のもとになっているそうです。「しょうじょうじの」の「しょ」や、「つきよ」の「つ」のように、はじめの音を繰り返して、言葉の遊びがみられます。旋律には、スタッカートがついてますので、言葉の面白さを感じて歌いましょう。

　「ポンポコポンノポン」や「こい、こい、こい」などは、原詩にはなかったようですが、子どもたちが好きな擬声語で、唱歌にはみられなかった童謡ならではの歌詞です。これらの部分も、言葉のリズムを生かして楽しく歌ってみましょう。旋律の大半は、ドレミソラの五音を使ったヨナ抜き音階で作られています（一カ所のみファが使われているので、正確には四度を含む長音階です）。第1番「庭は」と第2番の「萩は」とで旋律が少し変化しているところも留意したいですね。

8 《赤い帽子白い帽子》

　武内俊子（1905-1945）作詞、河村光陽（1897-1946）作曲の《赤い帽子白い帽子》は、昭和 13 年（1938）、キングレコードより発売されました。歌を歌ったのは、河村の長女、順子（1925-2007）でした。武内は、広島県三原市出身の女流詩人です。結婚して上京した後、巽聖歌らと幼年文芸サークルを結成し、童話や童謡の創作を行いました。

　河村光陽は福岡県田川郡出身の作曲家で、本名を直則といいます。小倉師範学校を卒業後、ロシアで研究しようと朝鮮に渡りましたが、ロシアは革命の混乱期だったため断念したといわれています。帰国後、ポリドール・レコードの専属作曲家になったとき、光陽に改名し、1000 曲を超える童謡を発表しました。武内と河村のコンビの代表作品には、《赤い帽子白い帽子》の他、《かもめの水兵さん》（1937 年）があります。

　詩の内容は、子どもが小学校に通う日常的な様子を母親の温かい視線で描いたものですが、静観するだけではなく、「いつも駆けるよ」「お手々を振って」「かげぼうし　踏むよ」など歌詞のなかに動きや躍動感が読み取れます。詩に内在する躍動感は、旋律の付点と結びつき、ランドセルを「しょって」小学校に通う児童の姿が生き生きと現れています。旋律は、ドレミソラの五音音階（ヨナ抜き音階）で作られています。旋律の付点八分音符は、記譜上の音価より少し短めに切って、スキップするような軽やかさで歌うとよいでしょう。一方、「いーつも」ではスラーがついているので、意識してレガートで歌うと、前後の部分とコントラストがついて楽しく歌えるでしょう。

9 《赤とんぼ》

　三木露風（1889-1964）は、兵庫県龍野市出身の詩人で、明治 38 年（1905）16 歳で詩集『夏姫』を出版するなど、若くから活躍していました。三木は、童謡集『真珠島』（1921）のなかで「童謡にはやはり自分が表れます。自分が表れなければ善い童謡ではありません。創作態度としては童謡をつくることも自分自身をうたうこと」と記しています。

　「赤とんぼ」の詩の原型「赤蜻蛉」は、大正 10 年（1921）8 月、自身が童謡欄を担当していた『樫の実』に発表されました。一部改訂されて大正 11 年 12 月に『眞珠島』に収録）。最終的に「赤とんぼ」として発表されたのは、大正 15 年『小鳥の友』です。詩人が子どもの頃の情景を思い出して書いたもので、昭和 2 年（1927 年）、山田耕筰が付曲し、三木と山田のコンビによって名作となりました。

　現代の版には、第 1 番の歌詞が「追われて」と書かれているものもありますが、原文は「負われて」です。子どもが背負われているという場面で、決して何かに追われているわけではありません。また第 4 番の「ねえや」は原作では「姐や」で、子守をする娘のことを意味しています。

　旋律は、西洋音楽の音階ではなく、ミ♭ファソシ♭ドの 5 音から成る「ヨナ抜き音階」で作られています。また拍節についても、一拍目に強拍が置かれる西洋音楽とは異なり、弱拍から始め、二拍目が強調されるように節が作られています。日本語独自のリズムや美しい響きを生かした音階や拍節に意識して歌うとよいでしょう。

10 《たき火》

　巽聖歌（1905-73）は、岩手県紫波郡出身の詩人です。七人兄弟の末っ子で、本名は野村七蔵といいます。岩手県第一外国語学校英文科を中退後上京し、時事新報社に入社して『少年』の編集に従事しました。大正14年10月号の『赤い鳥』に投稿した「水口」が北原白秋の目に留まり、それ以降、『赤い鳥』の常連投稿者となりました。昭和2年、久留米市日本キリスト教会にアメリカ人宣教師の助手として赴任しますが、翌年7月に再び上京、白秋に師事して、童謡第二世代として活躍しました。

　「たきび」の歌詞は、昭和16年（1941）NHKラジオ番組「幼児の時間」の番組テキスト『ラジオ小国民』で発表され、同年12月に同番組の放送で渡辺茂（1912-2002）による曲が発表されました。「きたかぜ ぴうぷう ふいている」など、擬音の使い方にも作者の個性が表れています。

　「たきびだ」「たきびだ」と繰り返されるところでは、子どもが喜んでいる様子が表現されています。渡辺は、この部分に「ミソソソ」「ラドドド」という旋律をつけ、2度目の音域を高くすることによって、高まる気持ちを表現しようとしたのでしょう。全体的にこの歌は、「ドレミソラ」の五音からなるヨナ抜き音階で作られていますが、「あたろうか」の部分のみファが使われています。また強弱記号もこの歌詞にのみp(ピアノ＝小さく)と指示があることから、全体の快活な感じとコントラストを付けながらやわらかく歌うと、詩に込められた温かい心情を表現することができるでしょう。

〈参考文献〉

上笙一郎編『日本 童謡のあゆみ』、大空社、1997年
金田一春彦『十五夜お月さん―本居長世 人と作品―』、三省堂、1982年
金田一春彦『童謡・唱歌の世界』、講談社学術文庫、2015年
小島美子『日本童謡音楽史』、第一書房、2004年
佐野靖『童謡・唱歌―世代をつなぐメッセージ』、東洋館出版社、2001年
園部三郎『日本歌唱集』、中央公論社、1970年藤田圭雄『日本童謡史』、あかね書房、1971年
寺山修司編著『日本童謡集』、光文社、1973年
三木露風『眞珠島』、アルス、1923年（復刻版 日本児童文学館第二集、ほるぷ出版、1974年）

〈第Ⅲ部〉
1. 各講楽譜集

楽譜集目次

たんじょうかいのうた　130
Happy birthday to you　132
おはながわらった　134
春の小川　136
こいのぼり　138
茶つみ　140
あめふりくまのこ　142
かたつむり　144
たなばたさま　146
うみ　148
おばけなんてないさ　150
夕やけこやけ　152
とんぼのめがね　154
うさぎ　156
どんぐりころころ　158
虫のこえ　160
やまのおんがくか　162
かくれんぼ　164

ふじ山　166
あわてんぼうのサンタクロース　168
北風小僧の寒太郎　170
ひのまる　172
ゆき　174
はるがきた　176
ひらいたひらいた　178
うれしいひなまつり　180
一年生になったら　182
きみがよ　184
さんぽ　186
おぼろ月夜　190

たんじょうかいのうた

作詞　まど　みちお
作曲　金光威和雄
編曲　山口　聖代

たんじょうかいのうた

作詞　まど　みちお
作曲　金光威和雄
編曲　山口　聖代

Happy birthday to you

アメリカの歌
編曲　山口聖代

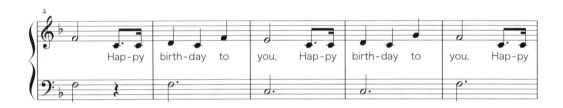

Happy birthday to you

アメリカの歌
編曲　山口聖代

おはながわらった

作詞　保富康午
作曲　湯山　昭
編曲　山口聖代

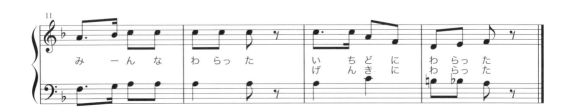

おはながわらった

作詞　保富康午
作曲　湯山　昭
編曲　山口聖代

春の小川

春の小川

こいのぼり

えほん唱歌
編曲　山口聖代

こいのぼり

えほん唱歌
編曲　山口聖代

茶つみ

文部省唱歌
編曲　山口聖代

茶つみ

文部省唱歌
編曲 山口聖代

あめふりくまのこ

作詞 鶴見正夫
作曲 湯山　昭
編曲 山口聖代

あめふりくまのこ

作詞　鶴見正夫
作曲　湯山　昭
編曲　山口聖代

かたつむり

文部省唱歌
編曲　山口聖代

かたつむり

文部省唱歌
編曲　山口聖代

たなばたさま

作詞　権藤はなよ
　　　林　柳波
作曲　下總皖一
編曲　山口聖代

たなばたさま

作詞 権藤はなよ
　　 林　柳波
作曲 下總皖一
編曲 山口聖代

うみ

文部省唱歌
作詞 林 柳波
作曲 井上武士
編曲 山口聖代

うみ

文部省唱歌
作詞　林　柳波
作曲　井上武士
編曲　山口聖代

夕やけこやけ

とんぼのめがね

作詞　額賀誠志
作曲　平井康三郎
編曲　山口聖代

とんぼのめがね

作詞　額賀誠志
作曲　平井康三郎
編曲　山口聖代

うさぎ

日本古謡
編曲　山口聖代

うさぎ

日本古謡
編曲　山口聖代

どんぐりころころ

作詞 青木存義
作曲 梁田貞
編曲 山口聖代

どんぐりころころ

作詞　青木存義
作曲　梁田　貞
編曲　山口聖代

虫のこえ

虫のこえ

文部省唱歌
編曲　山口聖代

やまのおんがくか

ドイツ民謡
訳詞　水田詩仙
編曲　山口聖代

やまのおんがくか

かくれんぼ

文部省唱歌
作詞 林 柳波
編曲 山口聖代

かくれんぼ

文部省唱歌
作詞　林　柳波
編曲　山口聖代

ふじ山

文部省唱歌
作詞　巌谷小波
編曲　山口聖代

ふじ山

文部省唱歌
作詞　巌谷小波
編曲　山口聖代

あわてんぼうのサンタクロース

作詞　吉岡　治
作曲　小林亜星
編曲　山口聖代

あわてんぼうのサンタクロース

作詞 吉岡 治
作曲 小林亜星
編曲 山口聖代

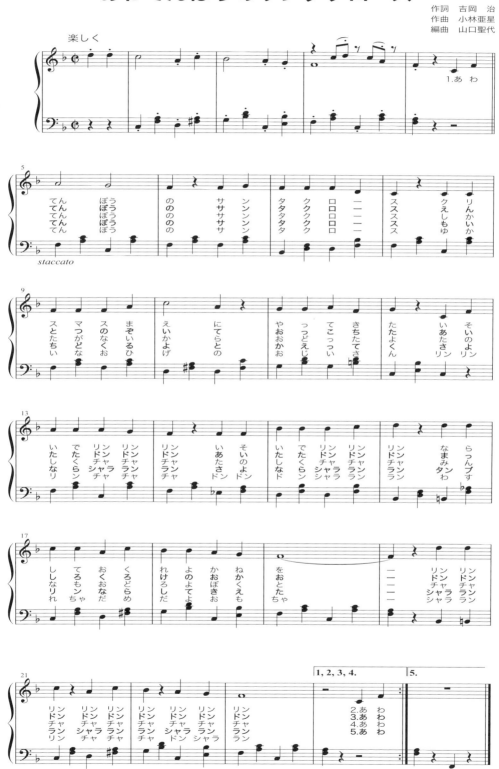

北風小僧の寒太郎

作詞 井出隆夫
作曲 福田和禾子
編曲 山口聖代

北風小僧の寒太郎

作詞　井出隆夫
作曲　福田和禾子
編曲　山口聖代

ひのまる

文部省唱歌
作詞　高野辰之
作曲　岡野貞一
編曲　山口聖代

ひのまる

文部省唱歌
作詞 高野辰之
作曲 岡野貞一
編曲 山口聖代

ゆき

文部省唱歌
編曲　山口聖代

はるがきた

文部省唱歌
作詞　高野辰之
作曲　岡野貞一
編曲　山口聖代

はるがきた

文部省唱歌
作詞　高野辰之
作曲　岡野貞一
編曲　山口聖代

ひらいたひらいた

ひらいたひらいた

わらべうた
編曲　山口聖代

うれしいひなまつり

作詞　山野三郎
作曲　河村光陽
編曲　山口聖代

うれしいひなまつり

作詞　山野三郎
作曲　河村光陽
編曲　山口聖代

一年生になったら

作詞　まどみちお
作曲　山本　直純
編曲　山口　聖代

一年生になったら

作詞 まどみちお
作曲 山本直純
編曲 山口聖代

きみがよ

国歌

古歌
作曲　林　広守
編曲　山口聖代

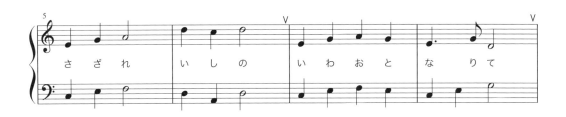

きみがよ

国歌

古歌
作曲　林　広守
編曲　山口聖代

さんぽ

作詞　中川季枝子
作曲　久石　譲
編曲　山口　聖代

さんぽ

作詞 中川季枝子
作曲 久石 譲
編曲 山口 聖代

おぼろ月夜

文部省唱歌
作詞：高野辰之
作曲：岡野貞一
編曲：山口聖代

おぼろ月夜

文部省唱歌
作詞：高野辰之
作曲：岡野貞一
編曲：山口聖代

II. 童謡の楽譜集

楽譜集目次

あわて床屋 194
シャボン玉 196
どこかで春が 198
あめふり 202
やぎさんゆうびん 204
七つの子 206
証誠寺の狸囃子 208
赤い帽子白い帽子 210
赤とんぼ 212
たき火 214

あわて床屋

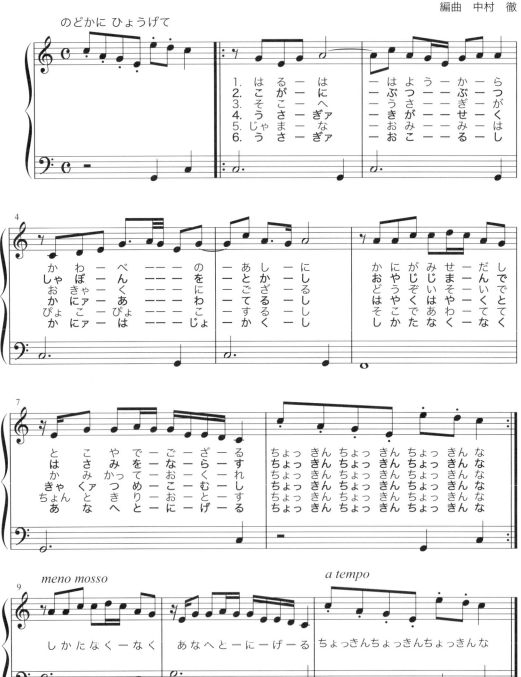

シャボン玉

作詞　野口雨情
作曲　中山晋平
編曲　中村　徹

シャボン玉

作詞　野口雨情
作曲　中山晋平
編曲　中村 徹

どこかで春が

作詞　百田宗治
作曲　草川　信
編曲　中村　徹

どこかで春が

作詞　百田宗治
作曲　草川　信
編曲　中村　徹

どこかで春が

作詞 百田宗治
作曲 草川 信
編曲 中村 徹

どこかで春が

作詞　百田宗治
作曲　草川　信
編曲　中村　徹

あめふり

作詞　北原白秋
作曲　中山晋平
編曲　中村 徹

やぎさんゆうびん

作詞　まど・みちお
作曲　團　伊玖磨
編曲　中村　徹

七つの子

作詞 野口雨情
作曲 本居長世
編曲 中村 徹

七つの子

作詞 野口雨情
作曲 本居長世
編曲 中村 徹

証城寺の狸囃子

作詞 野口雨情
作曲 中山晋平
編曲 中村 徹

赤い帽子白い帽子

作詞　武内俊子
作曲　河村光陽
編曲　中村 徹

赤とんぼ

作詞　三木露風
作曲　山田耕筰
編曲　中村　徹

赤とんぼ

作詞　三木露風
作曲　山田耕筰
編曲　中村　徹

たき火

作詞　巽　聖歌
作曲　渡辺　茂
編曲　中村　徹

山本 美紀（やまもと・みき）
兵庫県生まれ。ウィーン市立音楽院を経て、大阪教育大学大学院 教育学研究科 芸術文化専攻修了（芸術学修士）。大阪大学大学院 文学研究科 芸術学専攻修了（博士：文学）。専門は音楽学及び音楽教育学。環太平洋大学 次世代教育学部 准教授を経て、現在、奈良学園大学 人間教育学部 教授。主な著書：『幼児教育・初等教育のための音楽基礎知識と表現』（2011）、『小学校で培う音楽の力』（2011）、『メソディストの音楽──福音派讃美歌の源流と私たちの讃美』（2012、以上ヨベル）、『音楽祭の戦後史 ─結社とサロンをめぐる物語』（2015、白水社）、他

岡田 美紀（おかだ・みき）
福井県生まれ。大阪大学人間科学部卒業、兵庫教育大学大学院学校教育研究科幼年教育コース修了（学校教育学修士）。専門は幼児教育・保育学。愛媛女子短期大学保育学科専任講師、環太平洋大学次世代教育学部講師を経て、現在、岡山情報ビジネス学院保育学科教員、近畿大学九州短期大学通信教育部保育科非常勤講師。

筒井 はる香（つつい・はるか）
京都府生まれ。大阪教育大学大学院 教育学研究科 音楽教育専攻 修士課程修了（教育学修士）。大阪大学大学院 文学研究科 文化表現論専攻 博士後期課程修了（博士：文学）。ロータリー財団国際親善奨学生としてウィーン国立音楽大学で歴史的演奏法を学ぶ。共著に『ピアノを弾く身体』（岡田暁生監修、2003、春秋社）、『ピアノはいつピアノになったか』（伊東信宏編、2007、大阪大学出版会）、『音楽を考える人のための基本文献 34』（椎名亮輔編、2017、アルテスパブリッシング）などがある。現在、同志社女子大学、神戸女学院大学非常勤講師。

山口 聖代（やまぐち・まさよ）
兵庫県生まれ。大阪教育大学教養学科芸術専攻音楽コース（作曲）卒業。同大学院教育学研究科音楽教育専攻修士課程（作曲）修了（教育学修士）。作品《Drop of water for percussion and chorus》（2010）をはじめ、活発な作曲・演奏活動を行う。小学校・中学校・高等学校・大学の非常勤講師を経て、現在、大阪成蹊短期大学幼児教育学科特別専任助教兼、音楽教育センターピアノ主任研究員。

中村 徹（なかむら・てつ）
ドイツ・オスナブリュック市生まれ、フリーの作曲家・ピアニスト。大阪音楽大学ピアノ科及び作曲科卒業。同音楽専攻科（作曲）修了。ピアノのための 24 のプレリュード (2011)、4 人の打楽器奏者による幻想曲「ダイとコバ」、連弾のためのソナタ (2012)、マリンバとピアノのための「からくり人形」(2015)、連弾のための 8 つのチャルダーシュ (2016)、連弾のためのソナチネ (2017) などを次々と発表。2012 年には自作作品展、2016 年には自作連弾作品による CD「中村徹の世界・チャルダーシュ」をリリース、専門誌でもとりあげられた。

横田 有香（よこた・ゆか）
環太平洋大学 次世代教育学部 乳幼児教育学科卒業。

日本音楽著作権協会（出）許諾 1112072-804 号　JASRAC（ジャスラック）

JASRACの承認により許諾証紙貼付免除

幼児・初等教育のための音楽表現と指導法
── 歳時記と学ぶ楽典・子どものうた・鑑賞 ──

2011 年 10 月 31 日　初版発行　2013 年 3 月 31 日　改訂新版 初刷発行
2016 年 4 月 7 日　改訂新版 2 刷発行　2018 年 3 月 20 日　改題増補新版 初刷発行

編著　山本美紀
岡田美紀／筒井はる香
編曲　山口聖代／中村徹
イラスト　横田有香

発行者　安田正人
発行所　株式会社ヨベル
〒 113-0033 東京都文京区本郷 4-1-1　TEL03-3818-4851
FAX03-3818-4858　e-mail:info@yobel.co.jp

印刷所　中央精版印刷株式会社

定価は表紙に表示してあります。
本書の無断複写（コピー）は著作権法上での例外を除き、禁じられています。
落丁本・乱丁本は小社宛にお送りください。送料小社負担にてお取り替えいたします。

配給元　日キ販　東京都新宿区新小川町 9-1
振替 00130-3-60976　Tel 03-3260-5670
©2011, 2013, 2016, 2018　ISBN978-4-907486-69-3　Printed in Japan

［改訂新版］『幼児教育・初等教育のための音楽基礎知識と表現』を改題増補

幼児・初等教育のための 音楽表現と指導法

―― 歳時記と学ぶ楽典・子どものうた・鑑賞 ――

別冊

1　小テスト解答用紙

2　巻末模擬試験

3　指導案

＿＿＿年＿＿月＿＿日（　　）　　第＿＿時限

　　第＿＿学年＿＿組　（　　名）

　　名前：＿＿＿＿＿＿＿＿＿＿＿＿＿＿＿＿

　　指導者：＿＿＿＿＿＿＿＿＿＿＿＿＿印

■小テスト１．解答用紙■

学籍番号〔　　　　　　〕氏 名〔　　　　　　　　　　〕

講義時間〔　　　曜日　　　　限　〕

Ⅰ．次の**記号**を書きなさい。
①ヘ音記号　　　　　　　　　　　②ト音記号

Ⅱ．次の**意味**を書きなさい

①　_____

②　_____

■小テスト２．解答用紙■

学籍番号〔　　　　　　〕氏 名〔　　　　　　　　　　〕

講義時間〔　　　曜日　　　　限　〕

Ⅰ．次の**音符・休符**の名前と長さを書きなさい。

①　　　②　　　③　　　④

⑤　　　⑥　　　⑦　　　⑧

考えたことを書いてみよう！

学籍番号〔　　　　　　　〕氏名〔　　　　　　　　　　　〕

講義時間〔　　　曜日　　　限　〕

考えたことを書いてみよう！

学籍番号〔　　　　　　　〕氏名〔　　　　　　　　　　　〕

講義時間〔　　　曜日　　　限　〕

■小テスト３．解答用紙■

学籍番号〔　　　　　　〕氏 名〔　　　　　　　　　〕

講義時間〔　　　曜日　　　　限　〕

Ⅰ．空欄をうめなさい。

	歌うように		やさしく
comodo		Espressivo	
	生き生きと		軽やかに
con fuoco		Marcato	

Ⅱ．空欄をうめなさい

Largo			やや速く
	ゆっくりと	Allegro	
	ゆっくり歩く速さで		生き生きと速く
Andantino		Vivace	
	中くらいの速さで		急速に

■小テスト４．解答用紙■

学籍番号〔　　　　　　〕氏 名〔　　　　　　　　　〕

講義時間〔　　　曜日　　　　限　〕

Ⅰ．空欄をうめなさい。

rit.	だんだん遅く
	だんだん速く
a tempo	
	最初の速さで
	ほどよくのばす

Ⅱ．空欄をうめなさい

pp		cresc.	
	弱く		だんだん弱く
	やや弱く	dim.	
mf			その音だけ強く
	強く	sf	
ff			

考えたことを書いてみよう！

学籍番号〔　　　　　　〕氏 名〔　　　　　　　　　　〕

講義時間〔　　　曜日　　　　限　〕

考えたことを書いてみよう！

学籍番号〔　　　　　　〕氏 名〔　　　　　　　　　　〕

講義時間〔　　　曜日　　　　限　〕

■小テスト5．解答用紙■

学籍番号〔　　　　　　〕氏　名〔　　　　　　　　　〕

講義時間〔　　曜日　　　限　〕

Ⅰ．次の音名を書きなさい。

【　　　　　　　　　　　　　　　　　　　　　　　　　　】

Ⅱ．次の音名を書きなさい。

【　　　　　　　　】

■小テスト6．解答用紙■

学籍番号〔　　　　　　〕氏　名〔　　　　　　　　　〕

講義時間〔　　曜日　　　限　〕

Ⅰ．ト音記号・調号を書いたうえで、ニ長調の音階と主要三和音を書きなさい。

Ⅱ．ト音記号・調号を書いたうえで、イ長調の音階と主要三和音を書きなさい。

考えたことを書いてみよう！

学籍番号〔　　　　　　　〕氏 名〔　　　　　　　　　　〕

講義時間〔　　　曜日　　　　限　〕

考えたことを書いてみよう！

学籍番号〔　　　　　　　〕氏 名〔　　　　　　　　　　〕

講義時間〔　　　曜日　　　　限　〕

■小テスト7．解答用紙■

学籍番号〔　　　　　　〕氏 名〔　　　　　　　　　　〕

講義時間〔　　　曜日　　　限　〕

I．ト音記号・調号を書いたうえで、ヘ長調の音階と主要三和音を書きなさい。

II．ト音記号・調号を書いたうえで、変ホ長調の音階と主要三和音を書きなさい。

■小テスト8．解答用紙■

学籍番号〔　　　　　　〕氏 名〔　　　　　　　　　　〕

講義時間〔　　　曜日　　　限　〕

I．ト音記号・調号を書いたうえで、イ短調の和声的短音階と主要三和音を書きなさい。

II．ト音記号・調号を書いたうえで、ハ短調の和声的短音階と主要三和音を書きなさい。

考えたことを書いてみよう！

学籍番号〔　　　　　　　〕氏 名〔　　　　　　　　　　〕

講義時間〔　　　曜日　　　　限　〕

考えたことを書いてみよう！

学籍番号〔　　　　　　　〕氏 名〔　　　　　　　　　　〕

講義時間〔　　　曜日　　　　限　〕

■小テスト９．解答用紙■

学籍番号〔　　　　　　　〕氏　名〔　　　　　　　　　　　〕

講義時間〔　　　曜日　　　　限　〕

Ⅰ．ト音記号・調号を書いたうえで、ト短調の和声的短音階と主要三和音を書きなさい。

Ⅱ．ト音記号・調号を書いたうえで、ヘ短調の和声的短音階と主要三和音を書きなさい。

■小テスト１０．解答用紙■

学籍番号〔　　　　　　　〕氏　名〔　　　　　　　　　　　〕

講義時間〔　　　曜日　　　　限　〕

Ⅰ．次の曲の**階名**（ドレミ）を書きなさい。

【　　　　　　　　　　　　　　　　　　　　　　　　　　　　】

【　　　　　　　　　　　　　　　　　　　　　　　　　　　　】

考えたことを書いてみよう！

学籍番号〔　　　　　　〕氏　名〔　　　　　　　　　　〕

講義時間〔　　曜日　　　　限　〕

考えたことを書いてみよう！

学籍番号〔　　　　　　〕氏　名〔　　　　　　　　　　〕

講義時間〔　　曜日　　　　限　〕

■小テスト11．解答用紙■

学籍番号〔　　　　　　　〕氏 名〔　　　　　　　　　　〕

講義時間〔　　　曜日　　　　限　〕

Ⅰ．①に今まで学習した調のうち任意の調を入れ、次の図を完成させなさい。

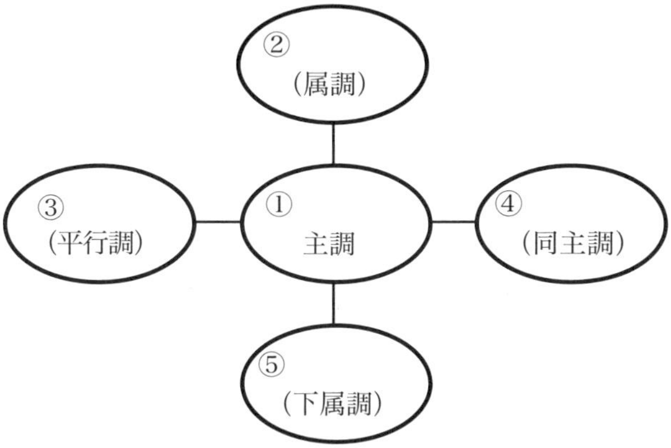

- ②（属調）
- ③（平行調）
- ①主調
- ④（同主調）
- ⑤（下属調）

- -

■小テスト12．解答用紙■

学籍番号〔　　　　　　　〕氏 名〔　　　　　　　　　　〕

講義時間〔　　　曜日　　　　限　〕

Ⅰ．ト音記号・調号を書いたうえで、ハ長調の3つの和音進行（カデンツ）を書きなさい。

Ⅱ．ト音記号・調号を書いたうえで、ヘ長調の3つの和音進行（カデンツ）を書きなさい。

考えたことを書いてみよう！

学籍番号〔　　　　　　　〕氏　名〔　　　　　　　　　　〕

講義時間〔　　　曜日　　　　限　〕

考えたことを書いてみよう！

学籍番号〔　　　　　　　〕氏　名〔　　　　　　　　　　〕

講義時間〔　　　曜日　　　　限　〕

〈小テスト10：答え〉

ミレド	ラレドラ	ソソドド	レ
ミミソ	ミミレド	ララソレ	ド

■小テスト 13. 解答用紙■

学籍番号〔　　　　　　〕氏 名〔　　　　　　　　　〕

講義時間〔　　　曜日　　　限　〕

Ⅰ．ト音記号・調号を書いたうえで、イ短調の3つの和音進行（カデンツ）を書きなさい。

Ⅱ．ト音記号・調号を書いたうえで、ホ短調の3つの和音進行（カデンツ）を書きなさい。

考えたことを書いてみよう！

学籍番号〔　　　　　〕氏名〔　　　　　　　　〕

講義時間〔　　曜日　　　限　〕

模擬試験解答

Ⅰ.
①ウ　②ク　③ス　④サ　⑤エ　⑥ア　⑦イ　⑧シ　⑨キ　⑩コ　⑪カ　⑫ケ
＊③・⑥は入れ替わってもよい。

Ⅱ.
①コ　②ク　③イ　④ケ　⑤カ　⑥オ　⑦ア　⑧ス　⑨シ　⑩エ　⑪ウ　⑫サ　⑬キ

Ⅲ.
イ→ウ→ア

Ⅳ.
①ウ　②ク　③エ　④キ　⑤イ　⑥オ　⑦ア　⑧カ

Ⅴ.
①オ　②ア　③エ　④ウ　⑤イ

― 模 擬 試 験 ―

学籍番号 〔　　　　　〕　氏名〔　　　　　　　　　〕
講義時間 〔　　曜日　　限　〕

解答 I.	
①	②
③	④
⑤	⑥
⑦	⑧
⑨	⑩
⑪	⑫

I. （ ）の中には音符の名称を、□の中には、音符か休符を選択群Iから選んで答えなさい。ただし、同じ音符・休符は2度使えない（問題に使用されている音符/休符は使用可）。また、計算では音符の長さの長いものを先に記入すること。

1. (①)　□① = □② + □③

2. (全音符)　□④ = □⑤ + □⑥

3. (付点四分休符)　□⑦ = □⑧ − □⑨

4. (⑩)　□⑪ + □⑫ =

II. 次の空欄にあてはまるものを、選択群IIから選んで答えなさい。

①	だんだん遅く
accel.	②
a tempo	③
④	最初の速さで
⑤	ほどよくのばす

⑥	歌うように	⑦	やさしく
⑧	気楽に	Espressivo	⑨
con brio	⑩	⑪	軽やかに
⑫	火のように	⑬	はっきりと

解答II.

①	②
③	④
⑤	⑥
⑦	⑧
⑨	⑩
⑪	⑫
⑬	

III. ア. Largo、イ. Allegro、ウ. Andantino を、速度の速いものから並べ、記号で答えなさい。

解答III 　→　　→

IV. 次の問いに、選択群IIIから選んで答えなさい。(2度同じものを選ばない。)

1. ヘ長調の音階を答えよ
2. ハ長調の主要三和音を答えよ
3. イ長調の音階を答えよ
4. 変ロ長調の主要三和音を答えよ
5. ホ短調の和声的短音階を答えよ
6. ハ短調の主要三和音を答えよ
7. 嬰ヘ短調の和声的短音階を答えよ
8. 嬰ハ短調の主要三和音を答えよ

解答IV.

①	②
③	④
⑤	⑥
⑦	⑧

V. 次の曲についてふさわしいものを、選択群IVから選んで答えなさい。（2度同じものを選ばない。）

解答V.	1.	2.	3.	4.	5.

<選択群 Ⅰ>

ア．　　　イ． 　　　ウ．　　　エ．　　　オ． 　　　カ． 　　　キ． 　　　ク． 　　　ケ．

コ．　　　サ．　　　シ．　　　ス．

付点八分音符　　付点二分音符

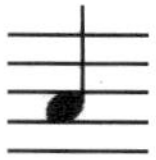

<選択群 Ⅱ>

ア．Dolce　　イ．もとの速さで　　ウ．Leggero　　エ．生き生きと　　オ．Cantabile　　カ．𝄐　　キ．Marcato

ク．だんだん遅く　　ケ．Tempo I　　コ．rit.　　サ．con fuoco　　シ．表情豊かに　　ス．comodo

<選択群 Ⅲ>

ア．　　　　　　　　　　イ．

ウ． 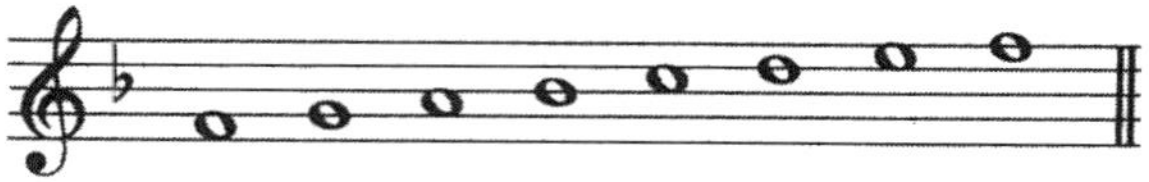　　　　　　　　　　エ．

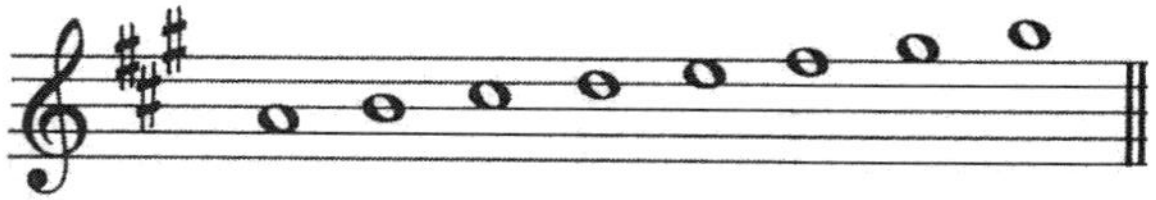

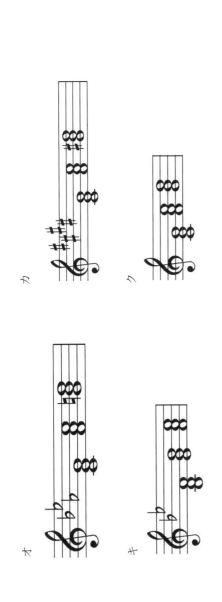

<選択群 Ⅳ>

ア．お誕生会などに歌う　イ．七夕の歌である　ウ．式典などに歌われる

エ．収穫を喜ぶ労働歌であり、歌詞にあわせて手遊びもある　オ．様々な虫の鳴き声が歌詞にある

指　導　案

全日指導・部分指導（　　　　　　　）実習生氏名（　　　　　　　）

指導者検印		平成　年　月　日（　）曜日　天候（　　）		
		組	歳児	名（男　　名、女　　名）
子どもの姿			ねらい	
	環境構成	予想される子どもの活動		保育士の配慮・援助
時刻				

別冊 - 22

出席 名（男 名、女 名）	
評価・反省	

指 導 案

全日指導・部分指導（　　　）実習生氏名（　　　　）

指導者検印	平成　年　月　日（　曜日）天候（　　）		
	歳児　　組	名(男　名、女　名)	
		ねらい	
子どもの姿	環境構成	予想される子どもの活動	保育士の配慮・援助
	時刻		

出席名（男　名、女　名）	
討論・反省	

指導案　全日指導・部分指導（　　　）実習生氏名（　　　）

指導者検印	平成　年　月　日（　曜日）天候（　　）		
	歳児　　組	名（男　　名、女　　名）	
	ねらい		
子どもの姿	環境構成	予想される子どもの活動	保育士の配慮・援助
	時刻		

別冊 - 26

	出席 名 (男 名、女 名)	
	所感・反省	

指 導 案

全日指導・部分指導（　　　　　）実習生氏名（　　　　　　）

指導者検印	平成　年　月　日（　）曜日　天候（　　）		
	歳児　　組	名（男　　名、女　　名）	
子どもの姿	ねらい		
	環境構成	予想される子どもの活動	保育士の配慮・援助
時刻			

	出席名（男名、女名）	託児・反省

指導案

全日指導・部分指導（　　　）実習生氏名（　　　）

指導者検印	平成　年　月　日（　曜日）天候（　　）		
	組　　歳児	名（男　名、女　名）	
子どもの姿		ねらい	
		環境構成	予想される子どもの活動	保育士の配慮・援助
時刻			

出席名(男 名、女 名)		評価・反省

別冊 - 31

MEMO